Reichel
Verlag

Kerstin Heck

Das Seelenreich unserer Tiere

Das wahre Wesen der Tiere,
ihre lichtvollen Kräfte und ihre Verbindung
zu anderen Sphären

93055 Regensburg

E-Mail: mail@reichel-verlag.de

www.reichel-verlag.de

Cover-Gestaltung: Christian Wolf – www.artworkersdesign.de

ISBN 978-3-910402-04-1

Wir danken in tiefer Verbundenheit allen an diesem Buch beteiligten Tieren und Zion-Mexas für ihre Weisheit und ihr universelles und zugleich heilsames Wissen. Ohne eure liebevolle Führung, eure ständige Ermunterung und den Mut, immer weiterzugehen, wäre diese Reise nicht möglich gewesen. Wir danken der geistigen Welt zutiefst, dass dieses Buch entstehen durfte. Für ein neues Bewusstsein und mehr Liebe im Universum sowie auf Planet Erde.

In Liebe und zum Wohle aller
Kerstin und die Tiere

Inhalt

Vorwort

Liebe Seele,

ich freue mich, dass du dich für dieses Buch entschieden hast. Es ist eine Botschaft für erwachte Menschen mit einem Herz für Tiere und offenem Bewusstsein für das große Ganze.

Die Tiere und ich geben dir einen Einblick in die wundervolle Welt der Tierseelen. Wir zeigen dir ihr großes umfassendes lichtvolles Wissen und erzählen von ihrem Auftrag. Denn jedes Tier hat seine Aufgabe, speziell für dich und auch bezogen auf das große Ganze. Du erfährst, wie die Tierseelen im göttlichen Gefüge angeordnet sind, in welcher Hierarchie sie zu anderen Seelen stehen und wie alles miteinander zusammenhängt.

Dieses Buch wurde vollständig „gechannelt" und beruht auf den Informationen, die mir von Zion-Mexas, dem großen Anführer der Tierseelen, und den Tieren selbst durchgegeben wurden. So erhältst du einmalige, echte Botschaften – aus der „Seelenebene", wiedergegeben mit viel Licht und Liebe über die „Herzensebene". Ich wurde gebeten, dir diese Informationen bereitzustellen. Denn es ist Zeit, dass wir Menschen verstehen, welch kraftvolle Lichtwesen die Tiere sind. Sodass wir endlich aufwachen und sie als das anerkennen, was sie sind. Und unseren Umgang mit Tieren gemäß dem neuen Bewusstsein leben.

Denn tief in unseren Herzen wissen wir alle, dass es Zeit für einen neuen Umgang mit den Tieren und unserer Umwelt ist. Es ist ein erster Schritt in ein neues Bewusstsein, zu dem wir uns seit Anfang 2020 aufgemacht haben – und das uns in das langersehnte Paradies, in die große Einheit mit allem, was ist, führen wird. Doch bis zur großen Einheit sind noch sehr viele Schritte zu tun. Dieses Buch hilft dir dabei, die Entwicklungen besser zu verstehen. Es ist Teil unserer großen gemeinsamen Bewusstseins-Reise in eine neue, fantastische und wunderbare Zukunft.

Ich freue mich, wenn du dich dazu entschließt, diese Reise anzutreten und einen neuen Weg zu bestreiten. Die Tiere werden es dir danken. Schließlich arbeiten sie schon so viele Jahrtausende für uns und sind bereit, uns auf diesem Weg zu begleiten. Im ersten Schritt geht es vor allem um eines: die Anerkennung. Wir dürfen lernen, wie lichtvoll Tiere wirklich sind. Welche kraftvollen Fähigkeiten sie haben und was sie für uns tun. Was ihre Aufgaben sind und welche große Wahrheit in ihnen steckt. Tiere sind viel mehr, als wir von außen wahrnehmen können. Jedes Tier hat eine liebevolle Seele, voller kraftvoller Energie, die uns auf dem Weg durch die verschiedensten Inkarnationen hilft. Tiere sind für uns Menschen Seelenbegleiter, Wegbereiter und in erster

Linie Lehrer. Sie folgen ihrem eigenen Seelenplan und unterstützen uns bei dem unsrigen. Eine Zusammenarbeit, die schon seit vielen Äonen von Jahren Bestand hat und auch so schnell nicht enden wird. Denn eine entscheidende Aufgabe der Tiere ist es, uns Menschen in das neue Bewusstsein zu führen.

Vielleicht spürst du schon jetzt, dass du dein Haustier mit ganz anderen Augen betrachten solltest. Egal, welches du hast. Jedes Tier trägt durch seine bloße Anwesenheit zum großen Ganzen bei. Fühle in diesen Satz hinein und denke dabei einmal an dein geliebtes Tier. Kannst du es spüren? Das ist die kraftvolle Energie deines Tieres. Es ist immer für dich da. Es hilft dir bei allem, was dich belastet, und begleitet dich durch stürmische Zeiten. Gib auch du etwas zurück und widme dich dem neuen Bewusstsein, der Reise ins Paradies.

Lies dieses Buch mit offenem Herzen und nimm an, was für dich stimmig ist. Es wird dein Bewusstsein erweitern, dir die Augen öffnen und dich die große Liebe der Tiere spüren lassen. Wenn die Lektüre dieses Buches deinen Blickwinkel auf die Tiere verändert, dann haben wir unser Ziel erreicht: Der erste Schritt in ein neues Bewusstsein ist gemacht. So soll es sein, so ist es gedacht.

In Licht und Liebe, Kerstin und die Tiere

Einleitung

Liebe Seele,

ich bin Zion-Mexas, Anführer der Tierseelen im göttlichen Reich.

Die Tiere und ich führen dich durch dieses Buch, um deinen Blick für die große Wahrheit zu öffnen. Wir sprechen offen zu dir, damit dir vollkommen klar wird, um was es im Leben geht und wie tief wir alle miteinander verbunden sind. Nichts ist getrennt, alles ist mit allem verbunden, das war schon immer so und wird auch immer so sein. Es ist für euch wichtig, dass ihr euch dies wieder und wieder klarmacht, denn es gerät so leicht in Vergessenheit.

Dass alles mit allem verbunden ist, gibt dir auch noch mal die Bestätigung, dass wir alle gemeinsam füreinander da sind. Insbesondere die Tiere unterstützen dich bei deinen Seelenaufgaben und kommen extra deshalb zu dir.

Wenn es dir möglich ist, dann lies dieses Buch zusammen mit deinem Tier, damit du seine Energie besser spüren kannst. Wir haben alle Worte mit bedingungsloser Liebe aus dem Seelenreich der Tiere aufgeladen. Während du liest, wird diese Liebe deine Herzensenergie stärken und dein Herz weit für die Tiere öffnen. Nimm diese wundervolle Liebe von uns an, sie wird zu deinem höchsten Wohl sein.

Nicht nur Liebe, auch Heilenergie aus Atlantis, von den Plejaden, aus dem Pflanzenreich und den Naturwesen sowie aus dem alten Ägypten fließt mit diesen Zeilen zu dir. Die entsprechenden Kapitel wurden mit diesen Energien lichtvoll aufgeladen.

Wir schätzen es aufrichtig, wenn du unsere Informationen annimmst. Vielleicht siehst du dein Tier nun mit völlig neuen Augen, sodass es sich dir in seiner ganzen Seelenpracht und Schönheit zeigen kann. Du hast damit ein großes Ziel in deinem Leben erreicht: die wahre und liebevolle Anerkennung der Tiere.

In Licht und Liebe

Zion-Mexas

Tierseelen sind

in einer göttlichen

Pyramiden-Hierarchie

organisiert.

Die Ordnung der Tierseelen im göttlichen Gefüge

Die Seelen im Reich der Tiere sind in eine hierarchische Struktur eingeteilt, welche sich innerhalb des großen göttlichen Seelenreiches in der 5. Dimension befindet. An oberster Stelle des göttlichen Seelenreiches stehen die Schöpferenergien.

Dicht darunter stehen Erzengel Metatron und dazu als weiteres lichtvolles Wesen Zion-Mexas, Anführer aller Tierseelen. Hinzu kommen noch die Oberhäupter der Menschenseelen sowie die der nichtmenschlichen Lebewesen aller Universen und Dimensionen.

Nachfolgend finden sich auf einer neuen Ebene die Seelen der Engel und aufgestiegenen Meister, danach die Menschenseelen und die Seelen der nichtmenschlichen Lebewesen, darunter die Tierseelen und anschließend die Seelen der Naturwesen und der Pflanzen. Die Seelen der Naturwesen tragen die Ebene der Tierseelen mit und unterstützen durch ihre Arbeit die Wirksamkeit ihres Tuns.

Jede Ebene unterteilt sich in viele weitere Ebenen und Unterebenen, auf denen bestimmte Seelen ihren Platz haben. Im Reich der Tiere wird die hierarchische Struktur der Tierseelen auch nach Tierart, Rasse bzw.

bestimmten Aufgaben unterteilt. Es gibt Gruppenleiter, einzeln arbeitende Tierseelen mit bestimmten hochstehenden Aufgaben oder auch Königinnen und Könige ganzer Stämme. Die Struktur ist komplex, aber straff organisiert, sodass alle ihren Platz haben. Das Alter der Tierseelen ist durchmischt.

Alte Seelen haben häufig eine höhere Stellung inne, weil sie sich mit den hochstehenden universellen Aufgaben befassen und aufgrund ihrer Weisheit dafür prädestiniert sind. Jüngere Seelen befinden sich eher auf den unteren Ebenen. Sie haben noch einiges zu lernen und werden mit ihren Aufgaben wachsen. Jede Tierseele befindet sich auf der Ebene, die für sie und ihre aktuellen Aufgaben stimmig ist.

In jeder Tierart, Rasse oder Gruppe ist die Hierarchie pyramidenartig aufgebaut. Die höchsten Seelen der verschiedenen Gruppen und Stämme sind wiederum hierarchisch den ganz oberen Seelen untergeordnet. Die Tierseelen haben sich für diese Pyramiden-Struktur entschieden, weil sie die größte lichtvolle Kraft in sich trägt. Sie ist sehr machtvoll und hebt mit ihrer hohen Energie die obersten Seelen auf ein hoch schwingendes, lichtvolles Energieniveau, dank dem sie ihre Arbeit fast gottgleich vollbringen können. Je höher eine Tierseele in der Pyramiden-Hierarchie steht, desto kraftvoller kann sie wirken.

Die hohen Positionen an den Pyramidenspitzen werden von Tierseelen bekleidet, die schon im alten Ägypten als Götter verehrt wurden. Ganz zuoberst, auf der letzten Ebene vor der göttlichen Ebene, auf der sich die alten, weisen Seelen aller Zeitalter, Dimensionen und Universen versammeln, wird das ganze alte Wissen der Tierseelen gebündelt und im Hohen Rat der Tiere vereint. Dieser besteht aus den 12 mächtigsten und ältesten Seelen des Tierreichs.

Die Aufgabe von Zion-Mexas, dem Anführer der Tierseelen, ist es, die göttlichen Anweisungen an den Hohen Rat der Tiere sowie an alle Tierseelen weiterzuleiten. Sie durchfließen die Pyramiden-Struktur von der Spitze aus bis ganz nach unten zu den jungen Seelen. So lernt jede Tierseele die große Schöpferkraft Gottes von Anbeginn an und fügt sich in Demut seinen Anweisungen. Gottes Wille durchdringt alle und lässt die Tiere somit im besten Sinne für die Menschen „da sein" und ihre Aufgaben erledigen.

Jede Tierseele agiert mit dem ihr gegebenen Wissen stets aus der Liebe heraus. Sie sucht sich die passenden Menschenseelen und inkarniert dort, um ihre Aufgaben zu vollbringen.

Tierseelen arbeiten in manchen Fällen mit den Seelen der Naturgeister zusammen. Denn dort, wo Tiere sind, finden sich häufig auch Pflanzen und Naturgeister. Es ist eine liebevolle Zusammenarbeit. Die Seelen der

Naturgeister sind da, um die Tierseelen bei ihrer Arbeit zu unterstützen. Auch sind sie auf Seelenebene Pyramiden-hierarchisch organisiert und unterstützen Tierseelen mit lichtvoller Pflanzenenergie aus uns noch unbekannten Dimensionen.

Die Seelen der Naturgeister werden von den Menschen häufig unterschätzt, doch ihre lichtvolle Energie ist sehr groß. Sie wirken interdimensional für die Menschen und Tiere.

Daher stehen sie in der großen Gesamthierarchie auch unter der Ebene der Tierseelen. So können sie ihre Kraft bestmöglich auf die Ebene der Tierseelen weitergeben und diese tragen. Die Seelen der Tiere haben nicht nur ihre eigene lichtvolle Energie, sondern auch einen Teil der Energie der Naturwesen. Sie stehen in engem Kontakt und tauschen sich regelmäßig aus. So ist es seit Äonen von Jahren und so wird es auch immer sein.

Innerhalb der Pyramiden-Hierarchie einer Tierart oder Rasse ist der Leiter (Gruppenleiter, Stammesführer etc.) stets eine alte Seele mit der entsprechenden lichtvollen Erfahrung. Sie bereitet die göttlichen Anweisungen in verständliche Informationen für die Seelen ihrer Gruppe auf und unterstützt sie bei ihrer Arbeit. Sie fungiert als Ratgeber, hilft bei der Auswahl der neuen Inkarnationen, klärt, reinigt und heißt diejenigen willkommen, welche von den Inkarnationen zurückgekehrt sind.

Alle freuen sich, dass die zurückgekehrten Tierseelen wieder ihren Platz einnehmen, während sich andere im selben Moment auf ihre neue Reise begeben. Auch wenn es ein ständiges Hin und Her und Kommen und Gehen ist, bringt dies die Pyramiden-Hierarchie der Tierseelen nicht durcheinander. Jede Tierseele nimmt ihren angestammten oder den neu zugewiesenen Platz gleich nach ihrer Ankunft ein.

Aufgrund der in der Inkarnation erledigten Aufgaben und Erlebnisse kann es sein, dass der angestammte Platz durch einen auf höherer Ebene ersetzt wird. So steigen die Tierseelen in der Pyramiden-Hierarchie mit der Zeit nach oben, bis sie schließlich den Grad einer alten Seele erreicht haben. Allerdings dauert dies lange, nicht selten gehen Jahrtausende, nach menschlichem Ermessen gerechnet, ins Land. Doch für die Tierseelen spielt Zeit keine Rolle, sie ist auf Seelenebene nicht existent.

Die pyramidenartige Hierarchie der Tierseelen wurde deshalb von der göttlichen Ebene gewählt, weil sie erlaubt, dass jede Seele mit der ihr gegebenen lichtvollen Kraft wirkt. Niemand wird überfordert, jeder kann in seinem eigenen Licht kraftvoll leuchten. Und jede Tierseele wird für ihren Fortschritt durch das Aufsteigen auf die nächsthöhere Ebene belohnt. Das ist fair für alle und erweist sich als stets gleich wirksames System.

In jeder Tierart gibt es Seelenfamilien, die ebenfalls nach dem hierarchischen Pyramiden-Prinzip organisiert sind. An der Spitze der Familienpyramide steht die kraftvollste älteste erwachsene weibliche Seele, gefolgt von der kraftvollsten ältesten männlichen erwachsenen Seele.

Danach kommen die jüngeren und ganz jungen Seelen, getrennt in weibliche und männliche Gruppen. Sie wechseln ihre Plätze noch häufig auf ihrer Ebene, denn ihre Inkarnationen sind meistens sehr kurz. Mit mehr Reife, Erfahrung und Weisheit hört das auf und sie konzentrieren sich auf den Ebenen-Wechsel innerhalb ihrer Familie und später schließlich auch innerhalb ihrer Tierart, Gruppe oder ihres Stammes. Nicht alle Tierseelen bleiben ihr ganzes Seelenleben in einer Gruppe. Je nach Seelenplan können sie auch in andere wechseln oder sich neu formieren.

Die Reise einer Tierseele bestimmt die Seele selbst. Sie hat die Wahl, in ihrer Familie, ihrem Stamm, ihrer Gruppe zu bleiben oder durch viele Ebenen zur Pyramidenspitze zu wandern. Es ist jeder Seele freigestellt, was sie tun möchte. Niemand wird aufgehalten. Alle sind in ihren Entscheidungen frei. Und die Tierseelen schätzen das unendlich.

Was die Tierseelen jedoch nur selten tun, ist, ihr Reich zu verlassen und in das Seelenreich der Menschen zu wechseln. In Ausnahmefällen ist dies schon geschehen, diese Tierseelen hatten eine ganz besondere Aufgabe. Eine Rückkehr in das Seelenreich der Tiere ist möglich und wird gerne nach wenigen Inkarnationen als Mensch angenommen.

Die Inkarnation der Tierseele in ein Tierleben ist deutlich anders als die einer Menschenseele. In einem Menschenleben geht gleich zu Beginn der Inkarnation sehr viel an Bewusstsein und Wissen verloren, welches erst mühsam wieder erlernt und angenommen werden muss. Die Tierseelen hingegen nehmen großes Wissen und Bewusstsein mit in ihre Inkarnationen. Nur weil sie über dieses Wissen aus den göttlichen Dimensionen verfügen, können sie die Aufgaben, die sie für die Menschen erfüllen müssen, bewältigen.

Jede Tierseele zieht es am Ende ihrer menschlichen Inkarnation wieder in die Seelenebene der Tiere zurück. Eine Inkarnation als Mensch bringt viele Herausforderungen mit sich und jede Seele muss sich klar sein, ob sie diese annehmen möchte oder nicht.

Das lichtvolle Wissen der Tierseelen darf deshalb nicht zu Beginn einer Tierinkarnation gelöscht werden, da es sonst in der kurzen Lebensspanne einiger Tierarten nicht unterstützend wirken kann. Jedes Tier, auch wenn es sich um eine Eintagsfliege mit wirklich kurzer

Lebensspanne handelt, verfügt in dieser Zeit über sein gesamtes Wissen. Und setzt dieses für die Menschen ein. Auch in kürzester Zeit und ohne bewusste Wahrnehmung durch den Menschen. Mit ihrer ganzen lichtvollen Kraft hilft die Eintagsfliege in ihrem kurzen Leben der Natur und (sofern vorhanden) den Menschen in ihrem Umfeld. Sie mag winzig klein sein, doch ihre Seele ist riesig und ihr Wissensschatz noch sehr viel größer. Die Eintagsfliege hat den Menschen in ihrem kurzen Leben energetisch schon mehr geholfen als viele sich selbst in einem Bruchteil einer Sekunde ihres Lebens. Ganz einfach, weil sie ein umfassendes Bewusstsein hat.

Viele Tierseelen berichten nach der Rückkehr in ihre Seelenebene aus einer Menscheninkarnation, wie mühsam und schwierig das Menschenleben ist. Die Tiere verwundert es sehr, die Trennung von allem, was ist, zu erfahren. Aber auch wie schwer sich die Menschen tun, aus dem Herzen heraus ehrlich und bewusst zu handeln.

Tierseelen berichten auch, dass das Leben vieler Menschen mit Schwere, Ängsten, Sorgen und Leid behaftet ist, und können zunächst nicht verstehen, warum dies so ist. Sie lernen dann, dass es sich um viele gesellschaftliche Themen handelt. Um auferlegte Begrenzungen von falschen Vorbildern oder um persönliche Erlebnisse in der Vergangenheit oder im aktuellen Leben. Die Tiere haben vollkommen andere Sichtweisen und wundern sich, dass die Menschen sich von all diesen Faktoren beeinflussen lassen.

Seelen, die als Tiere inkarnieren, kennen keine Sorgen, keine Angst und kein Leid. Sie nehmen Angst und Kummer von den Menschen auf, in der Absicht, all das für sie in Liebe zu transformieren. Sie fügen sich selbst auch niemals Leid oder etwas Böses zu. Nur die Menschen sind dazu fähig. Die Tiere zeigen uns diesen unfairen Umgang mit den Lebewesen auf.

Die Schwere in den Leben der Menschen belastet die Tierseelen. Sie fragen sich, warum sie sich diese Last antun, wenn doch alles so leicht sein könnte?

Trotz der Unterschiede in den Tier- und Menscheninkarnationen gibt es auch Gemeinsamkeiten. Denn beide Seelen wollen nur das Eine: in Liebe und Frieden leben, sich ihrer Selbst bewusst sein, Erfahrungen machen, anderen Hilfestellungen geben, vollständig erwachen und am Ende in das große Paradies in der himmlischen Dimension zurückkehren. Sodass der ewige Kreislauf der Seelenreisen wieder geschlossen ist.

Tiere sind liebevolle Lehrer
und Seelenbegleiter.
Sie führen ihre Menschen
zu ihrem wahren Selbst.

Wie Tiere den Menschen mit ihrem Wissen und ihren Fähigkeiten helfen können

Wenn Menschen sich dazu entscheiden, ein Tier aufzunehmen, haben beide Seelen diese Abmachung schon vor langer Zeit getroffen. Es finden sich immer jene Seelen, welche miteinander noch Aufgaben zu lösen haben. Die Tiere sind bei ihnen, um ihnen zu helfen, aber auch um eigene Themen zu bearbeiten. Beide Seelen verfolgen eine Aufgabe, sie muss nicht identisch sein, doch immer hat sie etwas mit Liebe zu tun.

Da beide Seelen ihre Aufgaben haben, können sie sich auf dem Lösungsweg ergänzen. Manchmal ist es so, dass die Tierseele die Aufgabe des Menschen komplett übernimmt und sie für ihn löst. Dies kommt häufig dann vor, wenn Menschen selbst nicht dazu in der Lage sind und das Problem an das Tier abgeben. Tiere sind so aufopferungsvoll, dass sie jede Bitte und Aufgabe annehmen.

In solch einem Fall hat der Mensch jedoch seine Verantwortung nicht wahrgenommen. Zulasten des Tieres. Nicht selten kommt es vor, dass Tiere bei der Lösung der Menschenaufgabe über die Regenbogenbrücke gehen. Dann war die Aufgabe zu kräftezehrend, oder zu schwer, um sie allein zu lösen.

Von göttlicher Seite her ist eine Unterstützung der Menschenseele durch die Tierseele bei der Lösung ihrer Aufgaben und Themen vorgesehen. Daher inkarnieren so viele Tierseelen auf Erden und helfen ihren Menschen meist ihr ganzes irdisches Tierleben lang.

Die lichtvollen Tierseelen leben bei den Menschen, damit sie ihnen in jeder Sekunde ihres Lebens wertvolle Tipps und lichtvolle Energie geben können. Viele Menschen bestätigen, wie wertvoll es ist, mit einem Tier zusammenzuleben und seine unglaubliche Weisheit und Liebe zu erfahren und von ihr zu profitieren.

Mit ihrer Güte unterstützen die Tiere den Menschen in jedem Moment. In jeder Sekunde ihres Lebens begleiten und leiten sie uns. Sogar in der Nacht helfen sie im Schlaf bei Reisen in ferne Dimensionen. Lebt man mit Tieren, wird vieles bewusster, denn sie zeigen uns mal mehr oder weniger deutlich unsere Themen und Aufgaben auf. Sie tun dies aus tiefstem Herzen heraus. Jedes Tier ist ein ganz persönlicher Seelenbegleiter und Wegweiser.

Menschen können nichts vor ihrem Tier verheimlichen, dafür sind die beiden Seelen zu eng verbunden. Es kennt jede Emotion, jeden Gedanken, jede Stimmungslage. Das Tier kann die Aura des Menschen lesen und erkennen, wie es ihm geht. Jede noch so kleine Energie überträgt sich gemäß dem Prinzip der Schwingungsübertragung. Falls ein Tier also einmal schlechte Laune hat, lohnt es sich zu prüfen, ob diese Stimmung nicht eventuell von seinem Menschen kommt. Manche Tiere sind so sensibel, sie zeigen innerhalb von Sekunden in ihrem Außen, wie es bei ihrem Menschen im Inneren ausschaut.

Dies ist eine wunderbare Fähigkeit der Tiere. Immer ein Spiegel zu sein, bei allem. Sofern es die Situation bedingt oder Sinn ergibt. Die Spiegelfähigkeit der Tiere sollte nicht unterschätzt werden. Manche Tiere arbeiten regelmäßig damit und es kann glasklar abgelesen werden, wie es um den Menschen bestellt ist. Andere Tiere hingegen zeigen ihre Spiegelfähigkeit gegenüber dem Menschen nur in ausgewählten Situationen oder zu bestimmten Themen.

Eine weitere ausgezeichnete Qualität der Tierseele ist es, Menschen zu führen und Führung zu lehren. Ohne eine Begleitung durch eine Tierseele würden Menschen nie ihren Weg finden. Interessant ist, auch wenn kein Tier mit ihnen in ihrem Zuhause lebt, haben sie stets eine Tierseele bei sich. Sie führt sie über die feinstoffliche Ebene auf und zu ihrem Weg. Sogar, wenn eigentlich keine besondere Beziehung zu Tieren besteht.

Deutlich intensiver ist die Führung durch eine Tierseele, die bei einem Menschen als Haustier inkarniert ist. Diese Seele hat den Menschen jederzeit um sich und kann auf feinste Energien reagieren. Da sich beide Energiefelder oft überschneiden, kann ein reger Austausch an Energie stattfinden. Ganz automatisch und mühelos, ohne dass man sich anstrengen muss. Dies macht das Zusammenleben mit einem Tier häufig einfacher und sorgt dafür, dass Aufgaben gemeinsam leicht gelöst werden können. Auch wenn die räumliche Trennung der Energiefelder kein Hemmnis ist, findet der energetische Austausch im nahen Miteinander intensiver statt als über die Ferne.

Wenn Menschen mit ihrem Tier kuscheln oder eng beieinandersitzen, überschneiden sich die Energiefelder und jeder nimmt Energie vom anderen auf. Auch tauschen sich so manchmal Seelenanteile aus, die zu einem früheren Zeitpunkt z. B. schon einmal getauscht oder vom anderen aufgenommen wurden. Durch inniges Zusammensein geschieht automatisch Heilung und Austausch auf vielen Ebenen. Ganz unbewusst und häufig unbemerkt. In diesem Moment fließt viel Liebe und Energie. Das ist wiederum eine weitere wunderbare Fähigkeit der Tiere. Traute Zweisamkeit, ein Moment der Ruhe und der Stille und schon geschieht Heilung allein durch die Kraft des Momentes und der Liebe, die zwischen Mensch und Tier fließt.

Mit einer Tierseele an der Seite erfährt der Mensch immer Heilung. Da die Tiere eng mit den Pflanzen und Naturwesen verbunden sind, bringen sie automatisch auch dort Heilung. Sie strahlen so viel Heilung und Liebe aus, dass sie überall dort, wo sie sich aufhalten, Energiekugeln hinterlassen. Diese verschwinden nach ein paar Minuten, wenn das Tier seinen Platz verlässt, wirken aber noch eine Weile nach, bis sie sich ganz aufgelöst haben. So profitieren auch die Pflanzen und Naturwesen von der Anwesenheit der Tiere und geben dies auch zurück.

Auch lehrt das Tier den Menschen, authentisch zu sein. Gegenüber sich selbst, dem Tier und vor allem seinem Umfeld. Authentizität ist eines der obersten Gebote auf Seelenebene, das alle Seelen leben. Nur hier auf Erden beherzigen die Menschen diese Weisung oft nicht. Von den Tieren dürfen die Menschen daher lernen, diese Authentizität wieder für sich zu entdecken, sie zu leben und im besten Fall weiterzugeben.

Daher sind die Tiere auch bei uns. Sie wollen uns zum wahren Seelenkern führen, sodass wir authentisch und echt unsere Göttlichkeit leben können. Mit einem Tier an der Seite kommen Menschen immer irgendwann an den Punkt, wo sie sich für ihre ganz persönliche Göttlichkeit, ihr wahres Sein entscheiden müssen und endlich ihren Weg gehen. Tiere halten Menschen niemals auf, sie führen sie auf den richtigen Weg.

Tierwahrheit von Alpaka Montserrat, weiser Führer bei Alpaka-Wandertouren:

Liebe Seele,

ich bin Alpaka Montserrat. Ich möchte dir mitteilen, wie wichtig wir Tiere für dich als Begleiter und Lenker in deinem Leben sind.

Wenn du mit uns auf eine Wandertour gehst und mit dem Herzen dabei bist, dann wirst du bemerken, wie wir eine große Liebe ausstrahlen. Wir führen dich, nicht du uns.

Wir nutzen unsere bedingungslose Liebe auf der Wanderung, um dein Herz zu klären, um dir Impulse für dein Leben zu geben. Und um dir durch das Wandererlebnis einen Eindruck vom Einssein zu vermitteln. Dem großen Einssein mit allem, was ist, vor allem mit dir selbst. Wanderungen mit uns sind immer von Frieden und Freude geprägt.

Wir Alpakas führen euch Menschen nicht nur bei Touren. In Südamerika, unserer Heimat, leiten wir unsere Menschen in den Bergen, und meine freilebenden Verwandten begleiten die Menschen in ihrem unmittelbaren Umfeld. Wir arbeiten mit ihnen am neuen Einssein, welches einen großen Teil seines Ursprungs in den Naturvölkern hat und nun durch uns und andere Tiere verbreitet werden soll. Um dieses Einssein vielen Menschen zuteilwerden zu lassen, haben wir Alpakas uns Richtung Norden aufgemacht und fremde Länder und Regionen für uns erobert. Wir tun dies aktiv und freuen uns, wenn wir euch mit unseren Aufgaben eine Freude machen können. Uns ist wichtig, dass wir viele Menschen erreichen. Wir sind flexibel in dem, was wir für euch tun können. Daher lieben wir es auch, mit euch zu wandern. Es sind die stillen und ruhigen Momente mit euch, die wir schätzen. Und jene, in denen Kinder wahrnehmen, wer wir wirklich sind, wenn sie sich ganz nah bei uns aufhalten.

Ich möchte dir noch sagen, dass wir Alpakas unsere Liebe, Energie und Weisheit auch mit unserer Wolle weitergeben, die ihr so gern zu Produkten weiterverarbeitet. Die Wolle enthält auch im Endprodukt Informationen, die du für dich nutzen kannst. Dies ist gut so, denn durch das Produkt kommen wir vielen Menschen ganz nah und wirken weiter. Gleichzeitig erreichen wir so noch viel mehr Menschen. Wir geben unsere Wolle am liebsten für nachhaltige Produkte, die ihr lange benutzt. So schließt sich der Kreis und wir haben unser Größtmögliches getan, um euch unsere Liebe und das neue Einssein zu vermitteln.

Tiere lehren die Menschen
bedingungslose Liebe,
Demut, Achtsamkeit
und Vergebung.

Die Aufgaben der Tiere für ihre Menschen

Haustiere haben sich in ihrer Inkarnation Aufgaben vorgenommen, welche sie mit ihrem Menschen lösen möchten und die für ihre Tierart als Gesamtes gelöst werden sollen. Mit und für die Menschen arbeiten die Haustiere an vier großen, universellen Themen. Ein Zwergkaninchen sagt dazu:

Liebe Seele,

wir freuen uns sehr, dass du zu uns gefunden hast.

Wir Haustiere konzentrieren uns auf die großen Herzensthemen: bedingungslose Liebe, Vergebung, Achtsamkeit und Demut. Dies sind die großen Aufgaben, mit denen wir alle zu euch Menschen kommen. Dazu kommen die individuellen Aufgaben, die wir selbst wählten, bevor wir als Tier inkarniert haben. Sie sind abgestimmt auf das jeweilige Tier und die Menschen, die es in seinem Leben antreffen wird. Uns allen ist gemein, dass wir diese großen Themen mit auf die Erde bringen. Die Tiere in der Wildnis unterstützen diese Themen ebenfalls, arbeiten daran jedoch in der Natur und mit Mutter Erde.

Unsere Aufgaben haben sich im Laufe der letzten Jahrhunderte stark gewandelt. Vor einigen hundert Jahren galt es noch herauszufinden, wer ihr Menschen wirklich seid. Es ging um Richtungsbestimmung, Entwicklung des Menschen, der Erde und der Natur in der Zukunft. Dies ist nun jedoch in den Hintergrund gerückt, da ihr Menschen euren Platz auf der Erde gefunden und euch nach euren Wünschen entwickelt habt. Jetzt ist es an der Zeit, dass ihr das Augenmerk auf euer Innenleben legt. Die Außenwelt soll nicht mehr so sehr im Fokus stehen, die Innenwelt und die Gefühle rücken in den Vordergrund. Daher wurden die Aufgaben für uns Tiere in den letzten Jahren auf die Bedürfnisse der heutigen Zeit abgestimmt und neu festgelegt.

Das wichtigste und gleichzeitig auch größte Herzensthema der Haustiere, welchem wir uns annehmen, ist die bedingungslose Liebe. Hier ist ganz klar hervorzuheben, dass ihr Menschen die Liebe neu lernen müsst. Ihr habt ein verzerrtes Weltbild aufgebaut. Es stimmt nicht mehr mit dem göttlichen Bild der Liebe überein. Eine Liebe, die auf Bedingungen beruht, Bedingungen an den Partner stellt, Bedingungen, wie sie verteilt werden soll, wie groß sie ist etc., entspricht nicht dem Wesen der göttlichen Liebe. Wir helfen euch, der bedingungslosen und somit göttlichen Liebe näherzukommen und diese wahrhaftig zu erfahren. Es kann für viele Menschen ein beschwerlicher Weg sein, doch am Ende wird die Liebe in reiner Vollkommenheit für den Menschen möglich sein.

Ein Schmetterling landet bei dem Zwergkaninchen und sagt:

Liebe Seele,

das Thema der bedingungslosen Liebe wird noch einige Jahre als Aufgabe bei den Haustieren verankert sein. Die Menschen sind aktuell nicht in der Lage, diese Form der Liebe zu begreifen. Das braucht seine Zeit und wird sich schließlich über die ganze Erde ausbreiten. Es werden noch viele Tier- und Menschengenerationen ins Land gehen, darum verzweifelt nicht, wenn dieses wichtige Thema noch nicht abgeschlossen werden kann. Es ist viel wichtiger, dass ihr Menschen es vollkommen versteht und auch weitergeben könnt. Die Tiere werden so lange mit dieser Aufgabe betraut sein, bis die Menschen diese vollkommen angenommen haben.

Das Gleiche gilt für die Vergebung, die Demut und Achtsamkeit. Auch sie sind zentrale Herzensthemen, bei denen wir euch helfen. Die heutige Zeit, die von Schnelllebigkeit und Stress geprägt ist und kaum Platz für die essenziellen Dinge des Lebens lässt, muss und wird sich wandeln. Unsere Aufgaben bzw.

Herzensthemen sind ein Weckruf. Die Menschheit muss aufwachen und sich auf das besinnen, was wirklich wichtig ist. Wir Tiere sind Augenöffner. Durch unsere Klarheit bringen wir euch Menschen in eurer Entwicklung voran. Ohne uns würde der Mensch stillstehen und verharren. Wir sind Impulsgeber.

Beim Thema Vergebung ist es wichtig, dass ihr Menschen versteht, wie wichtig sie ist – die echte Vergebung. Wir Tiere sind die idealen Partner, um euch dies zu lehren. Nur wir können euch auf den echten Weg der Vergebung bringen. Das liegt an unserer Art, wie wir mit euch Menschen leben. Wie tief die Liebe zwischen euch und uns ist. Vor allem aber daran, dass wir Tiere unglaublich gute Spiegel sind und euch Menschen so auf den richtigen Weg helfen können. Nur mit einem Tier kann der Mensch echte Vergebung erfahren und diese nach vollständiger Annahme auch leben und weitergeben.

In der heutigen Zeit ist es angebracht, dass wir Tiere euch Demut lehren. Echte Demut. So wie sie ursprünglich zu verstehen ist. Dazu gehören Anteilnahme, Verständnis, Vergebung und die Bereitschaft, sich zu ändern und neues zu vollbringen. Demut und Vergebung sind der Schlüssel zu einem besseren Menschsein.

Achtsamkeit ist unser drittes und nicht minder wichtiges Herzensthema. Wir Tiere sind Zeichengeber im Hinblick auf Achtsamkeit. Wir zeigen euch Menschen deutlich auf, wenn ihr mit euch selbst oder mit anderen nicht achtsam genug umgeht. Leider werden diese Zeichen noch zu oft von euch ignoriert oder missverstanden, dabei ist diese Achtsamkeit von immenser Bedeutung. Wir Tiere lehren euch, achtsam zu sein. Bis zur völligen Selbstaufgabe, wenn es sein muss. In den letzten hundert Jahren hat sich die Achtsamkeit zunehmend aus dem Leben geschlichen – vor allem in der industriellen Entwicklung. Nun aber müssen wir Tiere euch an ihren hohen Stellenwert erinnern. Ohne Achtsamkeit werdet ihr euch nicht zu eurem Besseren verändern und weiterentwickeln können.

Als Nächstes kommt ein Hund dazu und spricht:

Liebe Seele,

wir Hunde sind vielschichtig. Mit unserem treuen Wesen sind wir auf verschiedenen Ebenen und bei verschiedenen Themen aktiv. Unsere Aufgaben lassen sich nicht so klar abgrenzen wie die der Bären. Wir sind die Tiere, mit den facettenreichsten Aufgaben. Wir sind die Generalisten unter den Aufgabenträgern, denn wir machen vieles.

Eine Katze springt vor und sagt:

Liebe Seele,

wir Katzen sind spezielle Helfer, wir fokussieren uns gern auf festgelegte Themen und sind nicht so universell aktiv wie die Hunde. Wir bringen den Menschen dazu, Struktur in sein Leben zu bringen, weil wir so starke Gewohnheitstiere sind. Das sind Hunde ebenfalls, aber wir Katzen sind es noch mehr. Wir gleichen zudem Energien aus. Fungieren als Absorber, nehmen schlechte Energien auf und wandeln diese in Gute um. Dazu kommt, dass wir die individuelle Seite der Menschen betonen wollen. Wir zeigen dies deutlich in unserem Verhalten und fordern euch dazu auf, diese persönliche Seite zu leben. Wir Katzen konzentrieren uns lieber auf zwei oder drei Themen, als viele unterschiedliche zu bewältigen, wie es die Hunde gern tun.

Dann tritt ein Pferd nach vorn und sagt:

Liebe Seele,

wir Pferde gehen ebenfalls in eine universelle Richtung. Vornehmlich arbeiten wir an der Sensibilität der Menschen. Wir haben sehr feine Antennen und lehren euch, eure eigenen zu gebrauchen. Dabei fokussieren wir uns auf das Thema Sensibilität im Umgang mit uns und den Menschen untereinander. Wir möchten den weichen Kern der Menschen zum Vorschein bringen und ihr Herz öffnen. Wir Pferde unterstützen besonders die bedingungslose Liebe.

Tierseelen sind alterslos. Sie werden anhand ihrer Erfahrung in alte und junge Seelen unterteilt.

Alte und junge Tierseelen

Tierseelen haben, wie alle Seelen, kein Alter, denn Zeit existiert im Universum und in allen anderen Dimensionen nicht. Die Zeit ist eine Erschaffung für den Menschen.

Die Tierseelen wurden am Anbeginn erschaffen, als Gott das Universum schuf. Ihre Existenz ist unendlich und kann nicht anders angegeben werden. Wenn hier in diesem Buch von alten Seelen die Rede ist, sind damit jene Tierseelen gemeint, die reich an Erfahrung sind und schon sehr viele Inkarnationen durchlebt haben.

Junge Seelen sind jene, die nur wenige Erfahrungen in Inkarnationen sammeln konnten, was jedoch nicht als deren Nachteil zu sehen ist. Eine junge Seele ist genauso wichtig im Reich der Tiere und seiner Hierarchie wie eine der älteren oder alten.

Junge Seelen können sich durch ihre „Inkarnations-Erfahrungen" bzw. die Anzahl an Inkarnationen zu alten Seelen wandeln. Es liegt in ihrem Ermessen, ob sie dies tun möchten oder den Status „junge Seele" beibehalten wollen.

Da die alten Tierseelen Wissen aus vielen Inkarnationen mitbringen, helfen sie ihren Menschen mit diesen hoch schwingenden Informationen bei ihren Themen. Sie dienen als spirituelle Lehrer, geistige Führer und arbeiten viel auf der Seelenebene an ihren Menschen. Meistens sind dies Tiere, die von außen als sehr ruhig oder in sich gekehrt wahrgenommen werden. Sie wirken, als ob sie viel nachdenken, und strahlen eine große Ruhe und Sicherheit aus. Im Inneren jedoch sind sie seelisch-energetisch sehr aktiv. Daher reduzieren sie ihr Verhalten nach außen und schlafen bzw. ruhen sehr viel. Sie sind sehr kraftvolle Helfer und wirken für die Menschen hochintensiv auf verschiedenen Ebenen und Dimensionen. Es sind auserwählte Meisterseelen aus dem Tierreich, die diese Aufgaben innehaben. Meistens werden sie nicht mehrfach beim gleichen Menschen inkarniert.

Ihr Wirken ist um ein Vielfaches stärker als das der jungen oder mittelalten Tierseelen. Sie wählen sich ihre Menschen bewusst aus, um dann ganz intensiv mit und für sie zu wirken. Die Inkarnationen mit ihren Menschen sind meist kurz, doch sehr bedeutsam und von großer Tragweite.

Jeder Mensch bekommt in seinen diversen Leben mehrmals die Möglichkeit, mit einer alten Tierseele eine gemeinsame Inkarnation zu durchleben. Es sind dann häufig die gemeinsamen Leben, von denen die Menschen sagen, sie hätten ihr Seelentier gefunden. Und dem ist auch so. Eine sehr alte weise Seele leitet und führt in diesem Fall eine jüngere Menschenseele oder es finden sich ganze Seelenfamilien, bestehend aus Menschen- und Tierseelen, wieder. Sie alle arbeiten an einem erfüllten Leben in Liebe und Frieden.

Der Hohe Rat der Tiere lenkt und führt das Tierreich in seiner gesamten universellen Entwicklung.

Der Hohe Rat der Tiere

Die höchste und mächtigste Ebene im Seelenreich der Tiere ist der Hohe Rat der Tiere. Er hat 12 Mitglieder, bestehend aus den 12 ältesten, weisesten Seelen des gesamten Tierreichs.

Der Hohe Rat der Tiere erhält Informationen für alle Seelen vom Anführer der Tierseelen und bereitet sie für die Seelen der nachfolgenden Ebenen auf, teilt Aufgaben zu und gibt Anweisungen.

Er ist ein wichtiges Gremium im Seelenreich, das dazu dient, die weitere Entwicklung der einzelnen Tierseelen zu unterstützen und das gesamte Tierreich in seiner universellen Entwicklung zu lenken und zu führen. Der Hohe Rat berät die Tierseelen aus den niedrigeren Ebenen und gibt Hilfestellung bei Fragen. Auch reguliert er die Anzahl der aktuell im Seelenreich vorhandenen Tierseelen und gibt Anweisungen für die nächsten Inkarnationen oder erlässt Verfügungen über neue Regelungen und Vorhaben. Die Ratsmitglieder inkarnieren nicht mehr selbst auf die Erde oder auf andere Planeten, denn ihre Weisheit und Erfahrung ist so hoch, dass das Erleben einer Inkarnation nicht mehr notwendig ist.

Das große Reich der Tierseelen fügt sich der globalen Entwicklung des Universums ebenso, wie sich ihr jede einzelne Tierseele anpasst. Alle Tierseelen steigen auf in das neue Bewusstsein. Sie wechseln von der 5. in die 6. Dimension. Manche Tierseelen bringen bereits das neue Bewusstsein mit. Insbesondere ein Teil der Seelen des Hohen Rates der Tiere hat bereits den Wandel in das neue Bewusstsein vollzogen. So können sie ihr neues Wissen und alle Informationen an die niederen Ebenen weitergeben, um den Aufstieg zu erleichtern.

Der Hohe Rat der Tiere kümmert sich auch darum, dass die dunklen Mächte das Tierreich verschonen oder sich daraus zurückziehen. Dazu hat der Rat spezielle Abgesandte. Auf allen Ebenen sind sie die Beschützer des gesamten Tierreichs und halten das Seelengefüge zusammen. Sie achten darauf, dass die Pyramiden-Hierarchie eingehalten wird, und grenzen diese nach außen zu den anderen Seelenreichen ab.

Das Seelenreich der Tiere ist einzigartig in seiner Struktur und Form, die Pyramiden-Struktur verleiht ihm außergewöhnliche Kraft und Macht. Da diese Power auch von der dunklen Seite der Macht wahrgenommen wird, versucht diese schon seit Jahrtausenden, sich etwas davon anzueignen. Doch die Abgesandten des Hohen Rats konnten bislang verhindern, dass die dunkle Seite zu stark wurde. Alle Tierseelen sind mit göttlicher Kraft gesegnet, somit gibt es keinen Raum für Dunkelheit im Tierreich.

Der Hohe Rat besteht aus sechs Seelen mit starker weiblicher Kraft und sechs Seelen mit starker männlicher Kraft. So bleibt das Gleichgewicht erhalten.

Der Rat stimmt zu allen Fragen und Themen ab. Jede Meinung wird respektiert und von allen Seiten beleuchtet. Jedes Wort wird gehört und jede Ansicht und jedes Bedenken werden wahrgenommen. Der Rat nimmt das Ergebnis an, wie es ist, und initiiert dann die notwendigen Maßnahmen.

Die Seelen des Hohen Rats der Tiere können keiner Tierart zugeordnet werden. Sie sind so kraftvoll und mächtig, weil sie nicht als Tierseele fungieren, sondern als reine Seelenessenz, entsprungen aus allen Tierseelen des gesamten Tierreichs. Sie sind reines Bewusstsein, reines Sein. Seelen in ihrer reinsten Form.

Folgende Seelen bilden den Rat:

Andamana

Die weise weibliche Seele der Gerechtigkeit
und des Wohlwollens

Andamana übermittelt den Tierseelen den wahren Kern von Gerechtigkeit und lehrt sie Wohlwollen in all seinen

Facetten. Bei allen Abstimmungen und Entscheidungen für das Tierreich stimmt sie weise für die Tierseelen. Um sie in das neue Bewusstsein zu führen und den Weg des Seelenreichs der Tiere zu formen und zu lenken, verfügt sie über eine große Schöpferkraft. Sie strömt Wohlwollen und Gerechtigkeit aus – und beschenkt alle Seelen mit Liebe, damit das Reich der Tiere bestmöglich fortbesteht.

Andamana strahlt im Hohen Rat der Tiere mit einem hellgrün-weiß glitzernden Lichtstrahl.

Pandimahnah

Die weise weibliche Seele der Güte und der Liebe

Sie berät den Rat und alle Tierseelen des Reiches bezüglich Fragen der Güte und der Liebe. Pandimahnah lehrt die Tierseelen die göttliche Liebe. Sprich, wie alle mit Güte untereinander agieren können. Bei den Entscheidungen des Hohen Rates setzt sie ihre Kraft der Liebe ein, damit das Tierreich an seinem Weg festhalten kann. Ferner unterstützt sie die Abgesandten des Hohen Rates bei ihrer Schutzfunktion gegenüber der dunklen Seite. Mit ihrer Liebe transformiert sie über alle Ebenen und Dimensionen hinweg alles, was nicht mehr der göttlichen Ordnung entspricht. Dank ihr leuchten die Tierseelen in ihrem einzigartigen göttlichen Licht über das ganze Universum hinaus.

Pandimahna strahlt im Hohen Rat der Tiere mit einem rosa-weiß glitzernden Lichtstrahl.

Inirama

Die weise weibliche Seele der Göttlichkeit

Sie ist eine mächtige Seele des Hohen Rates der Tiere, die stark mit der göttlichen Quelle verbunden ist und diese Weisheit nahezu ungefiltert an den Rat weiterleitet. Inirama kennt alle Wünsche der Quelle bis in die tiefsten Ebenen und gibt diese bei Abstimmungen des Rates ein, damit seine Mitglieder alle essenziellen Informationen erhalten. Sie unterstützt die tieferen Ebenen des Tierreiches, auch bei Fragen und Anliegen rund um die Weisheit der Tiere. Sie kann den Weisheitskanal der Tierseelen öffnen oder schließen, je nach Wunsch des Tieres. Ihre Weisheit ergießt sich auf die gesamte Pyramiden-Struktur des Tierreiches. Da Inirama ebenfalls multidimensional wirken kann, lässt sie ihre Weisheit auch jenen Seelen zuteilwerden, die sie von außerhalb des Tierreiches ansprechen oder aus anderen Dimensionen Kontakt aufnehmen. Meistens sind es Seelen aus dem Reich der Pflanzen und der Steine, die sie anfragen, um von der Weisheit der Tiere zu lernen und diese für sich nutzen zu können. Auch Wesenheiten aus anderen Dimensionen kontaktieren Inirama, da diese sowohl die Entwicklung des

Tierreichs als auch die der Menschenseelen beobachten. Dieser Austausch findet jedoch nur statt, wenn er dem göttlichen Willen entspricht.

Inirama strahlt im Hohen Rat der Tiere mit einem goldgelb-weißen Licht.

Gondijah

Die weise weibliche Seele der Zukunft
und der Zuversicht

Gondijah berät den Hohen Rat der Tiere in allen Fragen rund um die Zukunft. Über Äonen von Jahren hinaus kann sie die Zukunft vorhersehen. Ihre Entscheidungen berücksichtigen immer die daraus entstehenden Entwicklungen in der Zukunft. Mit ihrer Zuversicht unterstützt sie die Beschlüsse des Rates, insbesondere wenn diese weitreichende Folgen haben. Da sie zu treffende Entscheidungen visualisieren und deren Auswirkungen visuell darstellen kann, gilt Gondijah auch als das große Orakel des Hohen Rates der Tiere. Sie kennt die verschiedenen Zukünfte aller Tierseelen und greift dann ein, wenn eine Seele vom Weg abgekommen ist und Hilfe benötigt. Sie verfügt über eine Heerschar von Helfern, die den Tierseelen zur Seite stehen, ähnlich den Schutzengeln der Menschenseelen. Gondijah kennt nicht nur die Zukunft des Seelenreiches der Tiere, sondern auch die aller Parallelwelten. Sie kann diese einsehen und dadurch wertvolle Erkenntnisse für die weitere Entwicklung des Tierreichs in ihrer Dimension ziehen. Sie steht zudem in Kontakt mit den Hohen Räten anderer Universen und Dimensionen, sodass ein interdimensionaler Austausch zwischen den Seelen möglich ist.

Gondijah strahlt im Hohen Rat der Tiere mit einem türkis-weiß glitzernden Lichtstrahl.

Sandame

Die weise weibliche Seele der Vernunft

Sie ist die große Vernunft im Hohen Rat der Tiere. Sandame lehrt alle Mitglieder bei der Vielzahl der Entscheidungen, die sie jeden Bruchteil einer Sekunde zu vollbringen haben, Vernunft walten zu lassen. Dadurch hält sie das Ruder in der Hand und kann, wo immer nötig, eingreifen. Seelenentscheidungen entspringen immer der Vernunft, doch Sandame weist noch mal speziell darauf hin und erhöht damit die verfügbare Vernunft auf allen Ebenen. Vom Hohen Rat bis hin zu jeder einzelnen Tierseele im gesamten Reich. Tierseelen sind von Natur aus sehr vernünftig, doch wenn sie inkarniert sind, kann diese Fähigkeit nachlassen und unkluge Entscheidungen herbeiführen. Das abgesunkene Vernunft-Level wieder anzuheben ist Sandames Aufgabe. Sie hält die Vernunft im Hohen Rat der Tiere konsequent auf einem hohen Niveau. Die innere, aus dem Herzen kommende Vernunft, die dem Kern der Seele eines jeden Wesens entspringt, wird von großer Bedeutung für den weiteren Weg der Tierseelen im großen Wandel sein. Sie ist eine essenzielle Fähigkeit für den großen Sprung in das neue Bewusstsein. Um für diesen Moment gut vorbereitet zu sein, schult Sandame die Tierseelen bereits jetzt und gibt ihnen das entsprechende Wissen an die Hand.

Sandame strahlt im Hohen Rat der Tiere mit einem orange-weiß glitzernden Farbstrahl.

Ziballa

Die weise weibliche Seele des Mitgefühls
und des Vertrauens

Ziballa ist die 6. weibliche Seele im Hohen Rat der Tiere. Sie achtet darauf, dass bei allen Entscheidungen das Mitgefühl und das Vertrauen ausreichend Einfluss nehmen. Ihre Aufgabe ist es, allem das maximale Mitgefühl entgegenzubringen, damit sich die getroffenen Entscheidungen gemäß dem göttlichen Willen umsetzen lassen. Zudem sorgt sie dafür, dass der Rat bei seinen Entscheidungen stets in vollem Vertrauen ist und dieses bis hinunter in die tiefsten Ebenen des Tierreiches fließt. Nur so können alle Beschlüsse bestmöglich umgesetzt werden.

Gleichzeitig fällt sie alle Entscheidungen rund um den Übergang der Seele von der Inkarnation zurück in das Seelenreich. Sie berät die Tierseelen, die bereit sind zurückzukehren, über die verschiedenen Möglichkeiten des Übergangs und was diese für sie bedeuten. Zusammen mit ihren Helfern arbeitet sie daran, dass die inkarnierten Tierseelen Vertrauen in die Entscheidungen haben, die sie für die kommende Inkarnation getroffen haben und nun als Lernerfahrung erleben. Dem nicht genug, öffnet sie für alle Seelen des Tierreiches das große Feld des Mitgefühls, von dem sich alle bedienen können, wann immer sie es benötigen.

Ziballa leuchtet im Hohen Rat der Tiere in einem rotweißen Lichtstrahl.

Loremus

Die weise männliche Seelenkraft der Führung und der Umsetzung

Loremus ist der kraftvolle Teil der männlichen Seelen des Rates, der sich um die Umsetzung der beschlossenen Punkte kümmert. Er sorgt dafür, dass alle Entscheidungen der göttlichen Führung entsprechen. Ihm obliegt es, Maßnahmen im letzten Moment noch abzulehnen und sie zugunsten einer anderen Möglichkeit zu ändern. Er führt und lenkt den Hohen Rat der Tiere mit seiner Führungsgabe und achtet penibel auf eine gute

Umsetzung der getroffenen Entscheidungen. Seine Umsetzungskraft ist legendär und er gibt diese Power an alle Tierseelen der niedrigeren Ebenen weiter. Mit seiner Hilfe können sie ihre Aufgaben bestmöglich erledigen.

Zudem hat er ein besonderes Augenmerk auf die noch ganz jungen Tierseelen. Diese führt und lenkt er bei der Erledigung ihrer Aufgaben, damit sie nicht halt- und hilflos in ihren ersten Inkarnationen sind.

Loremus strahlt im Hohen Rat der Tiere mit einem königsblau-weißen glitzernden Lichtstrahl.

Panderah-Zon

Der weise Hüter des Lichts und der Liebe

Seine Aufgabe im Hohen Rat der Tiere ist es, sicherzustellen, dass alle Entscheidungen stets vollkommen mit Licht und Liebe erfüllt sind. Er hütet das vorhandene Licht im göttlichen Rat, welches ihm in einer niemals verlöschenden goldenen Flamme zur Seite gestellt wurde. Diese Flamme bewacht Panderah-Zon in jedem Augenblick und er teilt dieses Licht, sofern gewünscht, mit den Seelen des Tierreiches. Die goldene Flamme kann zu Transformationszwecken an die niedrigeren Ebenen weitergereicht werden. Ihren Platz hat sie jedoch im Hohen Rat der Tiere.

Zudem kümmert sich Panderah-Zon um ausreichend Liebe, damit diese in allen Entscheidungen und Beschlüssen des Rates vorhanden ist. Um Beschlüsse zu beschleunigen oder klarer werden zu lassen, kann er eine Extraportion Liebe hineingeben und ein Bild der Entscheidung aufzeigen. Wird irgendwo im Reich der Seelen verstärkt Liebe benötigt, schickt er seine Gehilfen aus, um diese dorthin zu bringen. So hält er das ganze Seelenreich auf einem sehr hohen Niveau der Liebe und lässt dadurch alles vollkommen und in der göttlichen Ordnung entstehen.

Panderah-Zon strahlt im Hohen Rat der Tiere mit einem pink-weißen glitzernden Licht.

Pindanah

Die weise männliche Seele des Schöpfertums

Pindanah steuert neue Ideen und Lösungsansätze im Hohen Rat der Tiere bei. Er zeichnet sich durch eine starke Schöpferkraft aus, mit der er zu den anstehenden Entscheidungen die passenden göttlichen Lösungen entwickeln kann. Er unterstützt den Rat mit seiner Weisheit und Klugheit, wenn es darum geht, multidimensionale Entscheidungen für das Reich der Tiere zu treffen.

Pindanah kann das Gefüge von Raum und Zeit in der Art und Weise beeinflussen, sodass bestehende Verbindungen gestärkt oder neu geschaffen werden. Mit der ihm gegebenen Schöpferkraft kreiert er neue Verbindungen zwischen Seelen, ganz gleich, ob sie sich in der gleichen Dimension befinden oder nicht. Die energetische Connection zwischen den verschiedenen Dimensionen kann von Pindanah getrennt, aber auch neu erschaffen werden, sofern die alten Strukturen und Verbindungen nicht mehr von Nutzen sind. Zudem nutzt er seine Schöpferkraft, um neue Seelengruppen ins Leben zu rufen, die bestimmten Aufgaben dienen. Man könnte fast sagen, er ernennt eine Task Force für wichtige Aufgaben, die das Seelenwachstum des Tierreiches umfassen.

Pindanah strahlt im Hohen Rat der Tiere in einem dunkelgrün-weißen Licht.

Lemantha

Die göttliche Seele der Gnade und des inneren Reichtums

Lemantha ist eine Seele, die sehr eng mit der Gnade von Mutter Maria verbunden ist. Durch ihn fließt diese Gnade bei allen Entscheidungen des Hohen Rats der Tiere. Zudem stärkt er den inneren Reichtum einer jeden Tierseele, die für ein neues Inkarnationsabenteuer bereit ist.

Entscheidungen, welche mit Mutter Marias Gnade gesegnet sind, gehen bis tief in die Herzen des inkarnierten Tieres über. Sie wirken besonders stark und mächtig, wenn sie in den Inkarnationen der Seelen angegangen und umgesetzt werden. Dank Lemanthas hohem Bewusstsein für inneren Reichtum kann er mit diesem Aspekt manchen Entscheidungen des Hohen Rates eine besondere Qualität einhauchen, welche sich erst in der Umsetzung der Entscheidung zeigt. So erhält die Maßnahme eine neue Tiefe und eine stärkere Wirkkraft in der Umsetzung.

Für ihre nächste Inkarnationsreise lehrt Lemantha den noch jungen und mittelalten Seelen den Umgang mit dem Reichtum der Seele. Er zeigt auf, wie sie sich jederzeit auf ihren inneren Reichtum konzentrieren können und wie mächtig dieser ist, wenn es um ein glückliches Zusammenleben zwischen Mensch und Tier geht. Zudem gibt Lemantha allen Seelen unmittelbar vor ihrer nächsten Inkarnation noch einen Kurs in Gnade, damit die Tierseele diese mitnehmen kann.

Lemantha strahlt im Hohen Rat der Tiere in einem hellblau-weißen Licht.

Padmaneh

Die männliche weise Seele der Zuversicht

Padmaneh ist jene Seele im Hohen Rat der Tiere, welche alle Entscheidungen mit Zuversicht segnet und ihnen so eine hohe Schwingungsfrequenz zuteilt. Seine Qualität der Zuversicht durchströmt den Rat sowie all seine Entscheidungen bis tief in alle Seelenebenen hinein. Die Zuversicht nährt die Tierseelen und unterstützt sie in der Umsetzung ihrer Aufgaben.

Zuversicht ist ein wichtiger Baustein allen Lebens, daher wird sie allen Tierseelen permanent zuteil. Mit der dauerhaft zuströmenden Zuversicht können die Seelen in ihren Inkarnationen tiefer und leichter wirken. Die Zuversicht erleichtert schwierige Entscheidungen, da ihre Schwingungsfrequenz die der Entscheidung anhebt. Ohne Zuversicht können die Seelen ihre Aufgaben nicht vollbringen.

Padmaneh kümmert sich auch um die Tierseelen, welche gerade inkarniert sind und eine extra Portion Zuversicht gebrauchen können. Gerade die inkarnierten Tierseelen benötigen häufig seine Unterstützung, um die Herausforderungen ihrer Inkarnationen zu meistern.

Padmaneh leuchtet im Hohen Rat der Tiere mit einem orange-weiß-gelben Licht.

Mazemus

Der Hüter der Rechtschaffenheit und Gleichheit

Mazemus hütet die Rechtschaffenheit und Gleichheit aller Wesen seit Anbeginn der Zeit. So können Entscheidungen stets zum Wohle aller getroffen werden. Seine Stärke ist es, die Gleichheit in allen Beschlüssen bis auf alle Seelenebenen im Tierreich durchzusetzen. Mit seiner Rechtschaffenheit sorgt er dafür, dass neben der Gleichheit auch die Fairness, das Einssein mit allem, was ist, sowie das Umsetzen der Entscheidungen in Liebe erfolgt. Mazemus berät den Rat auch bei Entscheidungen zu interdimensionalen Fragen und achtet auch hier darauf, dass die Gleichheit aller Lebewesen nicht verletzt wird. Dadurch trägt er zum universellen und interdimensionalen Bestehen des Friedens bei, welcher sich im Tierreich schon seit vielen Äonen von Jahrmillionen hält. Im Reich der Menschenseelen wurde dieser jedoch schon häufiger von der „Dunklen Seite der Macht“ bedroht.

Mazemus leuchtet im Hohen Rat der Tiere in einem dunkelviolett-weißen Licht.

Die Tierseelen der Landhüter und Landwächter beschützen Kontinente und Inseln.

Die Seelen der Landhüter und Landwächter

Die Aufgaben der Tierseelen unterscheiden sich nach Tierart und Rasse. Einige ausgewählte Tierseelen haben jedoch festgelegte Aufgaben, die nicht bei ihrer Inkarnation angepasst werden. So sind z. B. die Landschildkröten auf den Galapagosinseln sowie jene auf den Seychellen die uralten Landhüter und -wächter der jeweiligen Insel oder Inselgruppe. Alle Hüter und Wächter haben meist eine lange Lebensspanne, nur so können sie die Energien bewahren und aufrechterhalten. Der weite Rückblick über die Vergangenheit hilft ihnen, die weitere Entwicklung ihres Kontinents oder ihrer Insel zu beeinflussen.

Jeder Kontinent und jede Inselgruppe der Erde verfügt über einen eigenen Landhüter aus dem Reich der Tiere. Für den afrikanischen Kontinent sind die Elefanten zuständig. In Südamerika sind es die Kondore. Nordamerika hat den Adler. In Australien regiert der Emu. Asien setzt auf den Pandabären, während Europa den Hirsch ernannt hat. Antarktis und Arktis werden vom Humboldt-Pinguin behütet. Für die Galapagosinseln sind die Landschildkröten zuständig, bei den Seychellen sind es die Riesenschildkröten. Madagaskar und Mauritius stehen im Zeichen des Krokodils.

Neuseeland und Papua-Neuguinea sind in den Händen der Pythons. Grönland und Island können auf den Moschusochsen vertrauen. Hawaii hat das Chamäleon und die Bahamas nebst den Großen Antillen setzen auf die Leguane.

Neben den Landhütern gibt es noch die Meereshüter-Tierseelen, die sich um die Unterwasserwelt und die Meere von Mutter Erde kümmern. Hier teilen sich die Blauwale und die Walhaie die verschiedenen Meeresbereiche der Erde untereinander auf. Blauwale sind die Hüter der nördlichen Meeresbereiche, Walhaie jene aller südlichen Meere. Als Trennlinie wird der Äquator gesehen, wobei die Grenzen fließend sind. Unterstützt werden Blauwale und Walhaie durch die Delfine in den verschiedenen Regionen. Alle oben genannten Inselgruppen werden unter Wasser von den Meeresschildkröten behütet, die Antarktis und Arktis jedoch von den Seelöwen.

Tierwahrheit von Delfin Pandorah, Lebensretter für Menschen:

Liebe Seele,

ich bin Pandorah und möchte dir gerne etwas aus dem Reich der Delfine erzählen.

Wir unterstützen nicht nur die Blauwale und Walhaie in ihrer Arbeit für die Meere. Wir beschützen und retten auch die Menschen, denn wir sehen allzu oft, dass ihr achtlos auf dem Wasser unterwegs seid. Daher haben es sich einige von uns zur Aufgabe gemacht, euch nicht aus den Augen zu lassen und auf See zu begleiten. Natürlich macht es uns Spaß, uns von den Bugwellen anschieben zu lassen. Doch der vorrangige Grund, euch so nah zu kommen, ist der Schutz eurer Leben. Sollte doch einmal ein Unglück auf dem Meer passieren und wir in der Nähe sein, eilen wir herbei und helfen euch, so gut es geht. Einige von uns konnten schon viele Menschenleben retten, was uns eine große Freude war.

Vielleicht sind wir uns schon begegnet? In einem Boot oder beim Schwimmen? In jedem Fall werden wir versuchen, euch unsere Liebesenergie zukommen zu lassen. Auch dies ist ein Teil unseres Rettungsprogramms für euch und es hat schon vielen Menschen magische Momente beschert. Wir haben alle ein erhöhtes Bewusstsein, welches wir nutzen, um euch individuell zu helfen, wenn wir auf euch treffen. Wir heben eure Energie an und lösen Blockaden und Traumas in der Tiefe eurer Seele. Diese Arbeit ist uns Delfinen vorbehalten, kein anderes Tier kann so tiefgreifend an euch arbeiten. Daher nutze die Gelegenheit, uns in freier Wildbahn zu treffen. Unsere Kraft und Magie ist im offenen Meer um einiges größer als in einem Delfinarium.

Seelen der Planetenhüter: Vorbereiter der Seeleninkarnationen auf den Planeten.

Die Seelen der Planetenhüter

Auch Planetenhüter gibt es im Reich der Tierseelen. Sie werden vorgeschickt, um bisher unbewohnten Planeten Leben zu geben und alles bereitzumachen für die weiteren Seelen, die sich dort inkarnieren wollen. Für den Fall, dass auf dem Planeten auch Seelen in körperlicher Form inkarnieren, erschaffen sie eine Art Natur. Sofern der Planet nur von feinstofflichen Wesen bevölkert wird, kümmern sie sich um die notwendigen energetischen Zustände. Sie bringen die Planetenenergie in Harmonie, reinigen ihn und bereiten alles vor für den Zustrom an Seelen.

Die Seelen der Planetenhüter bleiben so lange auf dem Planeten, bis dieser mit seinen Bewohnern energetisch stabil ist. Danach kehren sie zurück in das Seelenreich der Tiere, um auf einem anderen Planeten ihre neuen Aufgaben wahrzunehmen.

Viele Planeten in der Milchstraße und in unserem Universum sind ausschließlich von feinstofflichen Wesen bewohnt und beinhalten keine Lebewesen mit physischem Körper. Diese Planeten schwingen in einer höheren Frequenz und haben ihren Aufstieg bereits gemeistert.

Ein Ring aus kraftvollen Torwächtern beschützt Mutter Erde.

Die Seelen der Torwächter

Die Erde wird von sechs Torwächtern aus dem Seelenreich der Tiere bewacht. Es sind mächtige Tierseelen, welche sich am äußeren Rand des Erdenergiefeldes am magnetischen Nord- und Südpol sowie auf Höhe des Äquators in Afrika, Südamerika, im Pazifik, Indischen Ozean und Atlantik befinden.

Die Torwächter halten das Energiefeld nach innen und außen stabil und bilden mit ihrer hohen Energie und den Frequenzen weiterer Torwächter aus anderen Seelenreichen einen energetischen Schutzschild. So verringern sie den Einfluss negativer Mächte und schützen die Bewohner von Mutter Erde.

Ihre Seelen stehen in ständigem Kontakt untereinander und mit Mutter Erde und halten so den starken, goldfarbenen Schutzschild um den Planeten aufrecht. Seit Entstehung der Erde sind es die gleichen Seelen, die den Planeten beschützen. Sie bilden eine solide und starke Einheit mit Mutter Erde, ohne die der Planet in energetische und physikalische Schieflage geraten würde. Die Torwächter sind auch jene Seelen, die beim Übergang der Erde in die 5. Dimension die Stabilität und Sicherheit aller Lebewesen gewährleisten.

Tierwahrheit von Hund Tanza, Wachhund:

Liebe Seele,

ich bin Tanza und habe mir den Beruf als Wachhund für diese Inkarnation ausgesucht. Ich bin damit sehr zufrieden, denn es ist meine liebste Aufgabe, über euch Menschen zu wachen.

Wachhunde stehen in ständigem Kontakt mit den sechs Torwächtern der Erde sowie mit Mutter Erde selbst. Sie bitten darum, dass wir sie bei ihrer Arbeit unterstützen. Wir erhalten von ihnen alle wichtigen Informationen über die globale energetische Sicherheit und wir halten im Austausch den energetischen Schutzschild hoch.

Wir Wachhunde befinden uns nur an Plätzen, an denen sich die niedere, schwere und negative Energie auszudehnen versucht. Dieser begegnen wir mit unserem Schutzschild der Liebe und drängen sie zurück. Dadurch stärken wir Mutter Erde und den energetischen Schutzschild des Planeten.

Wir beschützen die Menschen vor niederen Energien und bauen eine Energiekuppel um unser gemeinsames Zuhause. Wir zeigen deutlich auf, wenn Menschen negative Energie mit nach Hause bringen, und helfen beim Reinigen und Klären ihrer Energiefelder, während sie schlafen. Als Wachhunde sind wir darauf programmiert zu erkennen, wenn etwas nicht stimmt. Uns ist es wichtig, alles in Balance zu halten.

Der interplanetarische Rat der Tiere kümmert sich um die Angelegenheiten der Planeten.

Der interplanetarische Rat der Tiere

Im Seelenreich der Tiere existiert zudem ein interplanetarischer Rat der Tiere. Die Mitglieder sind ausgewählte Tierseelen von jedem Planeten, auf dem Tiere inkarniert sind.

Das Gremium von ausschließlich inkarnierten Tierseelen vereint die Seelen der Haus- und Wildtiere aller Rassen. Die Anzahl der Wildtierseelen ist etwas größer als jene der Haustiere, da sich diese um die Bedürfnisse des Planeten kümmern. Die Haustiere fokussieren sich im Gegensatz mehrheitlich auf die Aufgaben mit ihren Menschen.

Die Ratsmitglieder beraten und stimmen gemeinsam darüber ab, was sie jeweils für ihre Planeten tun und wie sie sich gegenseitig auf planetarischer Ebene helfen können. Auch wenn die Zahl der Mitgliederseelen im interplanetarischen Rat sehr hoch ist, finden diese immer faire und passende Lösungen zu den aufkommenden Anliegen und Fragen.

Alle Anliegen zwischen den Dimensionen werden vom interdimensionalen Rat betreut.

Der interdimensionale Rat

Der interdimensionale Rat vereint Seelen aller Lebewesen aus allen Universen und allen Dimensionen. Er ist ein riesiges Gremium, welches auch Kooperationen mit anderen Räten oder Gruppierungen eingeht. Alle Dimensionen und Universen haben diverse übergeordnete Gremien, die sich um besondere Aufgaben kümmern.

Die übergeordnete Institution besteht aus ausgewählten Mitgliedern diverser Seelenreiche und kümmert sich um alle interdimensionalen Anliegen. Sie berät insbesondere darüber, welche Anpassungen von den jeweils höheren Dimensionen an die niedrigeren weitergegeben werden, damit diese aufsteigen können. Der Rat kümmert sich um den Wechsel der Seelen auf niedere Dimensionen und gibt ihnen Anweisungen mit auf den Weg. Von den Dimensionen 10–12 inkarnieren gelegentlich ausgewählte Tierseelen in niedrigere Dimensionen, wie die der Erde, um dort den planetarischen Aufstieg zu begleiten und zu unterstützen.

Generell fokussiert sich der Rat hauptsächlich auf interdimensionale Anliegen, sodass der Austausch zwischen den Dimensionen nicht unterbrochen wird. Die Mitglieder sorgen für ein energetisches Gleichgewicht, für Ausgeglichenheit und einen regen Energiefluss.

Der intergalaktische Rat vereint Speziesseelen und Planetenseelen, um seine Aufgaben zu erledigen.

Der intergalaktische Rat der Seelen

Dieser Rat besteht aus je einem Abgesandten jeder Spezies einer Galaxie. Er resultiert somit aus einer beeindruckenden Anzahl von Teilnehmern, die sich alle nur um ausgewählte Themen in ihrer Galaxie kümmern. Er besteht aus nicht inkarnierten Seelen, wobei es sich dabei immer um die gleichen Seelen handelt. Angeordnet sind diese in einer Ebene oberhalb der Galaxie. Die intergalaktischen Räte stellen je einen Abgesandten für den nächstübergeordneten Rat: den Rat der Universen. Dieser basiert auf den einzelnen Abgesandten der intergalaktischen Räte und berät über die Entwicklung des Universums bzw. aller Universen.

Zudem sind auch die Seelen der jeweiligen Planeten einer Galaxie vertreten, sodass ein direkter Austausch zwischen der Planetenseele und den Speziesseelen stattfinden kann. Die Tierseelen einer Galaxie unterstützen die Planetenseelen ebenso wie die der Naturwesen, Pflanzen und Steine, da sie auf Ratsebene als gleichwertige Bestandteile eines Planeten angesehen werden. Sie kümmern sich darum, dass es den Planeten gutgeht. Sprich, dass sie nicht aus dem Gleichgewicht kommen und dass die darauf befindlichen Spezies kein energetisches Ungleichgewicht verursachen.

Es geht darum, eine Balance innerhalb der Galaxie herzustellen, damit die Bewegungen der Planeten und Sonnen stets in ihrer optimalen Bahn verlaufen.

Nicht inkarnierte Tierseelen kümmern sich um die Anliegen des Tierreichs.

Die Aufgaben der nicht inkarnierten Tierseelen

Die nicht inkarnierten Seelen sind innerhalb ihrer Hierarchie in Aufgaben eingebunden, die zum Wohle der Tierseelen erledigt werden. Sie kümmern sich um universelle und mehrdimensionale Aufgaben unterschiedlicher Art. Manche Familien sorgen für Frieden in den verschiedenen Multiversen. Andere kümmern sich um die Gnade und deren Ausbreitung. Wieder andere lassen jüngere Seelen an ihrem Wissen teilhaben und schulen sie in verschiedensten Themen als Vorbereitung auf ihre kommende Inkarnation. Es gibt Tierseelen, die sich um den Energieausgleich oder eine Energieanhebung ihres Stammes oder ihrer Gruppe bzw. Familie kümmern, während andere sich ausschließlich mit Wach- und Schutzfunktionen befassen und das Seelenreich vor niederen Energien bewahren. Dann sind da noch jene Seelen, die sich um die Umsetzung der Anweisungen des Hohen Rates der Tiere im Speziellen kümmern. Auch wenn diese Anweisungen von allen Tierseelen getragen und umgesetzt werden, gibt es einige Seelen, die sich nur um diese Umsetzung kümmern.

Seelen haben keinen Tages- oder Nachtrhythmus wie Menschen. Durch ihr bloßes reines Sein wirken sie permanent und zu jeder Sekunde sowie gleichzeitig und multidimensional an verschiedenen Aufgaben.

Und da sie alle miteinander in Liebe verbunden sind, spüren und wissen sie alle gleichzeitig, was als Nächstes getan werden muss. Das Seelenreich der Tiere fungiert als große Einheit. Als ein großes, universelles Wesen, welches aus Myriaden von Einzelseelen besteht und dennoch ein Gesamtbewusstsein ist.

Die Seelen der Tiere gehen auch Kooperationen mit anderen Seelengruppen ein und unterstützen diese. Und um universelle Aufgaben zu erfüllen, gehen sie verschiedene Allianzen ein. Solange die Tierseelen nicht inkarniert sind, wirken sie nicht nur an den Aufgaben und Anliegen des Tierreiches mit, sondern auch an den interdimensionalen, interplanetarischen und intergalaktischen.

Da alles miteinander verbunden ist, können die Tierseelen auch in anderen Dimensionen wirken. Dies sogar bis zur Dimension 12. Alle Tierseelen kommen aus der 5. Dimension, bis auf einige besondere Seelen. Sie sind ausgewählte Tierseelen aus den hohen Dimensionen 10–12. Nur sie kümmern sich um die interdimensionalen Belange der sehr hoch schwingenden Dimensionen.

Ein bestimmter Teil der Tierseelen kümmert sich nur um die planetarischen Belange der Planeten, auf denen

Tierseelen inkarniert sind. Jeder Planet, der Tiere beheimatet, wird von Tierseelen unterstützt, die sich um das Wohl, das Energieniveau und das energetische Gleichgewicht kümmern. Alle Tierseelen unterstützen den Planeten im Einhalten seines energetischen Gleichgewichtes. Die Balance im Universum ist wichtig, damit Planetenzivilisationen nicht untergehen.

Nur im Rahmen ihrer Inkarnation als Tier nehmen die Tierseelen ihre speziellen Inkarnationsaufgaben, ihre zuvor ausgesuchten persönlichen Lernaufgaben sowie die Aufgaben für ihre Menschen wahr. Daher sind auch nie alle Seelen des Tierreiches zusammen inkarniert. Ein Großteil bleibt im Reich der Tiere und nur eine bestimmte Auswahl an Seelen inkarniert als Tier. Das gesammelte Wissen fließt in das Seelenreich der Tiere ein, sobald sie von ihrer Inkarnation zurück sind.

Es ist ein niemals endender Fluss zwischen Inkarnation und Rückkehr in das Reich der Tiere. Die Anzahl der Tierseelen ist seit Anbeginn der Schöpfung die gleiche und wird sich nicht ändern. Es kommen weder neue Seelen hinzu, noch sterben diese. Denn Sterben ist für eine Seele nicht möglich, da sie keinen Körper besitzt und in ihrem reinen Sein für die Ewigkeit gemacht ist.

Tiere und Menschen sind eins und in Liebe miteinander verbunden.

Die Aufgaben der inkarnierten Tierseelen

Inkarnierte Tierseelen widmen sich ihren speziellen Inkarnationsaufgaben, den bereits vor der Inkarnation ausgewählten persönlichen Lernaufgaben sowie den Aufgaben für ihre Menschen.

Zu den Aufgaben, der als Haustiere inkarnierten Tierseelen gehört es, ihre Menschen in den großen Herzensthemen bedingungslose Liebe, Demut, Achtsamkeit und Vergebung zu unterrichten. Die Tiere der Wildnis unterstützen diese Themen ebenfalls, arbeiten daran jedoch in der Natur und mit Mutter Erde.

Alle Tierseelen gehen sehr liebevoll vor, um ihre Menschen in den vier großen Herzensthemen zu unterrichten. Da sie bis tief in die Herzen der Menschen sehen, vermitteln sie ihr Wissen und ihre Weisheit über die Herzensebene. Durch die innige Verbindung, die sie zu ihren Menschen aufbauen, fließt ständig liebevolle Energie und Information. Wer sein Herz für sein Tier und alle anderen Tiere weit öffnet, wird die Botschaften der Tierseelen schnell wahrnehmen können. Sie kommunizieren mit ihren Menschen über deren „Hellsinne" und über Gefühle und Emotionen. Wenn die Tierseelen ihre Menschen unterrichten, geschieht dies immer ohne

Druck und Eile. Denn sie wissen, alles passiert zur rechten Zeit und in der Dosierung, die für alle zum höchsten Wohl ist.

Die inkarnierten Tierseelen sind bei ihren Menschen, um sie auf ihrem Lebensweg zu begleiten, um ihnen ihre Themen aufzuzeigen und sie in ihrer persönlichen Weiterentwicklung zu unterstützen. Tiere führen ihre Menschen immer zurück zu sich selbst. Zum Kern der eigenen Seele.

Tiere sind liebevolle und ehrliche Lehrmeister und auch Wegbereiter für den individuellen Seelenweg eines jeden Menschen. Ihre Weisheit und ihr Wissen ist unermesslich. In jedem noch so kleinen Tier ist universelles Wissen aus der Gesamtheit des Seelenkollektivs hinterlegt, das es sehr gern mit den Menschen teilt.

Daher ist ein weiteres großes Ziel der Menschheit, wahrhaftig anzuerkennen, dass es keinen Unterschied zwischen Tieren und Menschen gibt. Alle sind gleich. Alle sind eins. Und in Liebe miteinander verbunden.

Die Tiere möchten stets nur das Beste für ihre Menschen. Umgekehrt sollten die Menschen auch nur das Beste für ihre Tiere und ihre Tierwelt wollen. Dieser Bewusstseinswandel hin zu einer Gleichberechtigung von Mensch und Tier hat schon vor einigen Jahren begonnen. Erste, erwachte Menschen arbeiten bereits an der Umsetzung, mit Unterstützung der Tiere.

Im Rahmen des großen Wandels auf dem Weg in das neue Bewusstsein und Goldene Zeitalter wird es immer klarer werden, wie sich der Umgang mit der Tierwelt neu gestalten wird. Mit Eintritt in das neue Zeitalter wird alles gelernt und umgesetzt sein. Tiere und Menschen werden absolut gleichberechtigt sein. Und niemand wird das jemals mehr infrage stellen.

Tierwahrheit von Hund Tanbai, Schlittenhund:

Liebe Seele,

ich bin Tanbai und möchte dir gerne etwas über uns Schlittenhunde erzählen.

Wenn ihr mit uns auf Schlittenfahrt geht, an Schlittenhund-Rennen teilnehmt oder wir zu Expeditionen aufbrechen, dann ziehen wir nicht einfach nur euch und euer Gepäck. Aufgabe eines jeden Schlittenhundes ist es, Vertrauen in euch selbst sowie in uns Tiere zu lehren.

Du hast sicher schon bemerkt, dass gegenseitiges Vertrauen ein perfektes Team bildet. Daher möchten wir deine Fähigkeit, zu vertrauen, stärken und festigen, bis du uns, Tiere und auch die Menschen um dich herum in völligem Vertrauen wahrnehmen und sehen kannst.

Dies ist wichtig, denn die Mehrheit der Menschen bringt fremden Menschen nur wenig Vertrauen gegenüber. Ebenso habt ihr Vertrauensvorbehalte, was uns Tiere betrifft. Diese Missstände möchten wir auflösen. Denn wer mangelndes Vertrauen gegenüber anderen Menschen und auch Tieren hat, ist nicht mit dem Herzen unterwegs. Das ist wichtig zu verstehen. Wer Menschen und Tiere mit dem Herzen wahrnimmt, bringt ihnen automatisch Vertrauen entgegen.

Vertrauen ist der Grundstein für vieles im Leben: Erfüllung, Glück und Leichtigkeit. Vertraut in eure eigenen Fähigkeiten, in euer Selbst, in andere, in die Weisheit der Tiere und vor allem darin, dass alles nur zu eurem höchsten Wohl geschieht. Begreift es als große Chance, mit uns Vertrauen zu erfahren und ganz zu verinnerlichen. Es wird euer Herz öffnen.

Tierseelen sind reine hoch-schwingende Energie.

Das Aussehen der Tierseelen

Tierseelen haben keine bestimmte Gestalt oder Form. Wir wissen, dass der Hohe Rat der Tiere in bestimmten Farben leuchtet. Doch ist die Gestalt jedes einzelnen Ratsmitglieds nicht fest definiert.

Jede Tierseele schimmert und glitzert in ihrer ganz eigenen Farbe, die ihrer Hauptaufgabe und dem Kern ihrer Seele entspricht. Manche Tierseelen leuchten so hell, dass wir Menschen sie fast nicht ansehen können, weil ihr Licht uns blendet. Sie zeigen sich uns manchmal in Tiergestalt, damit wir Menschen besser mit ihnen umgehen können. Doch im Reich der Tiere ist es nicht nötig, eine bestimmte Gestalt anzunehmen. Hier zeigen sich alle Seelen in ihrer reinen Urform. Viele leuchten auch nicht in einer Farbe. Sie sind reine hoch schwingende Energie. Transparent und umgeben von einem zarten goldenen Schein.

*Tiere nutzen
ihre starke Herzenergie
zur Führung und
Heilung der Menschen.*

Die Herzenskraft der Tierseelen

Alle Tierseelen nutzen ihre starke Herzenergie, um mit ihren Menschen zu arbeiten, zu ihnen zu sprechen und den Kreislauf der Liebe aufrechtzuerhalten. Sie tun dies mit ihrem Herzen, weil sie sonst keinen Zugang zu den Menschen finden können. Dies bedeutet auch, dass sie zunächst nur jene Menschen erreichen können, deren Herz für diese Schwingung offen ist.

Bei der Geburt eines Menschen ist dessen Herz für die Herzenergie der Tiere weit offen, doch leider schließt es sich im Laufe des Lebens, wenn sich kein Kontakt zu Tieren ergibt. Die Tierseelen versuchen dann weiterhin den Menschen zu erreichen, indem sie ihm z. B. Tierliebe mit auf den Weg geben. So bleibt ein dünnes Band an Herzenergie für Tiere dauerhaft bestehen und kann im Erwachsenenalter wieder neu aufgebaut werden.

Wenn die Menschenseelen keinen direkten Kontakt mit Tieren haben, bekommen sie zum dünnen Band der Herzenergie die Liebe zur Natur geschenkt. So können sie sich in der Natur unbewusst mit den Tieren verbinden und über diesen Weg von ihrer Heilkraft profitieren. In diesem Fall arbeiten die Wildtiere und die Natur zusammen an den Menschen, wenn sich diese draußen aufhalten, wandern, Rad fahren oder einfach die Natur genießen.

So ist das Herz der Menschen trotzdem für die Tiere erreichbar. Durch die Liebe zur Natur verteilt sich diese an die Tierwelt. Diese gibt sie dann wieder an die Menschenseelen zurück, sodass der stetige Kreislauf an Liebe gewährleistet ist.

Mit ihrer starken Herzenergie lenken und führen die Tiere ihre Menschen auf ihrem Seelenweg. Sie nutzen sie auch zur Heilung ihrer eigenen Themen und des Tierkollektivs sowie für die Heilung derer, die mit der Menschenseele abgesprochen wurden.

Zusammen mit der Liebe von Mutter Erde heilen die Tierseelen die irdischen Themen und Aufgaben. Sie verbinden ihre Herzenergie mit dem Herzen von Lady Gaia und lassen diese dann gemeinsam in bestimmte Bereiche der Erde fließen oder auf ihrer feinstofflichen Ebene wirken.

Die Herzenergie der Tierseelen ist schon zu Beginn ihrer Inkarnation sehr stark. Neugeborene oder wenige Tage alte Welpen haben daher schon eine sehr große Herzenergie, mit der sie bereits an ihren Menschen arbeiten und die sich im Laufe ihres Lebens noch vergrößern kann. Dies hängt ganz davon ab, wie weit es ihnen möglich ist, an und mit ihren Menschen zu arbeiten. Je intensiver die Arbeit mit dem Menschen ist, desto größer wird die Herzenergie mit der Zeit. Die Tierseelen wachsen mit ihren Aufgaben und gewinnen an Kraft und Energie für ihre Seele.

Die Tierseelen sind in der Lage, sich mit ihrer Herzenergie global und auch innerhalb des Universums untereinander zu verbinden. So bündeln sie ihre Energie, falls es zur Bewältigung einer großen Aufgabe notwendig ist. Da sie auf Seelenebene alle miteinander verbunden sind, kann die Bündelung der Herzenergie innerhalb kürzester Zeit erfolgen. Die Bitte einer Tierseele um Hilfe von allen genügt.

Tierwahrheit von Katze Bandara,
Inhaberin eines Katzencafés:

Liebe Seele,

ich bin Bandara und lebe zusammen mit meinen Freundinnen in einem Katzencafé. Wenn du uns dort besuchst, ist es nicht nur so, dass wir uns an deiner Gesellschaft erfreuen. Wir lieben es, mit Menschen zusammen zu sein. Noch viel mehr lieben wir es aber, wenn wir an euch arbeiten können, während ihr euch entspannt und mit anderen Menschen zusammen seid. Daher ist es großartig, wenn ihr zu uns ins Café kommt.

Wir Katzen haben eine besonders starke Herzensenergie und die nutzen wir, indem wir unbemerkt an euren Herzen arbeiten. Um sie zu reinigen, zu heilen und sie mit uns wieder zu verbinden. Jeder Besuch in einem Katzencafé hat etwas Heilsames für euch. Selbst wenn wir mal nicht da sind. Wir wirken immer für alle Besucher und müssen dazu nicht direkt neben euch sitzen. Wir wissen genau, wer von euch welches Thema mitbringt. Dafür müsst ihr euch nicht schämen. Kein Mensch ist themen-frei. Ganz im Gegenteil, es ist gut so, dass ihr eure Themen für uns so offen sichtbar in euch tragt.

Die heutigen Katzencafés sind vergleichbar mit den früheren Katzentempeln. Sich zum Beten zu treffen ist irgendwie aus der Mode gekommen. Doch einen Kaffee zu trinken und etwas Gutes zu essen in Gesellschaft mit Katzen hat die gleiche positive Wirkung auf euch wie damals das Gebet im Katzentempel. Das Katzencafé ermöglicht uns, wieder so macht- und kraftvoll zu wirken, wie wir es damals in den Tempeln getan haben.

Wir sind flexibel in unserer Arbeit mit euch und passen uns gerne an neue Räumlichkeiten und Konzepte an. Wichtig ist, dass sie stets zum Wohle aller sind und wir Katzen uns dort frei versammeln können. Wenn du im Katzencafé sitzt, bündeln wir manchmal unsere Energien und bilden einen mächtigen Heilkreis für den ganzen Raum und alle Anwesenden. Du spürst dann, dass sich eine sanfte Wolke der Liebe um dich legt.

Wenn wir im Café einfach nur dasitzen und uns die Gäste anschauen, suchen wir uns gerade die Person aus, an der wir als Nächstes intensiv arbeiten möchten. Wir führen dann ein Seelengespräch mit ihr, um uns zu informieren. Manchmal fokussieren sich mehrere von uns Katzen auf eine Person, es kommt ganz darauf an, welche Last sie gerade zu tragen hat. Jeder Mensch im Katzencafé kommt in den Genuss von individueller Heilung. Niemand geht heraus, wie er hereingekommen ist. Alle erfahren eine heilsame Veränderung.

Das Seelenreich der Tiere unterhält Beziehungen zu Zivilisationen in anderen Sternensystemen, Universen und Dimensionen.

Die Verbindung der Tierseelen zu anderen Zivilisationen und Sternensystemen

Die nicht inkarnierten Tierseelen unterhalten neben der Verbindung zu den Menschenseelen auch Beziehungen zu anderen Zivilisationen in verschiedenen Sternensystemen, Universen und Dimensionen. Sie sind seit Anbeginn von allem, was ist, mit ihnen in Kontakt und helfen bei verschiedensten Angelegenheiten. Da alles miteinander verbunden ist, herrscht ein reger Austausch auf energetischer Ebene, denn die meisten anderen Zivilisationen (außer den Menschen) sind in höheren Dimensionen angesiedelt und von feinstofflicher Art.

In der Zusammenarbeit mit diesen Zivilisationen der höheren Ebenen werden die Tierseelen auch nicht als „Tiere“ angesehen. Ihre Existenz wird als das gesehen, was sie sind: feinstoffliche Wesenheiten mit großer Heilkraft. Nur auf Mutter Erde inkarnieren die Tierseelen als Tiere und in einen Körper. Auf vielen anderen Planeten mit rein feinstofflichen Lebewesen gibt es keine Einteilung der inkarnierten Seelen in verschiedene Lebensformen wie Tiere, Bäume, Blumen, Steine usw. Da alle in ihrer feinstofflichen Form dort sind, ist eine Einteilung nicht notwendig. Alle leben in ihrer reinen Form gleichberechtigt und friedlich zusammen. Nur auf dem Planeten Erde besteht diese Einteilung noch. Sie bleibt eine Besonderheit für Erden-Inkarnationen, bis der Aufstieg in die 5. Dimension vollständig stattgefunden hat. Im neuen Goldenen Zeitalter wird sie nicht mehr notwendig sein.

Inkarnierte Tierseelen sind weitestgehend von ihrer Verbindung zu anderen Zivilisationen befreit. Wenige ausgewählte Tierseelen behalten diese Verbindung auch in ihrer irdischen Inkarnation bei, wenn bestimmte Aufgaben damit bewältigt werden sollen. Die Verbindung zu anderen Zivilisationen kann im Rahmen einer Inkarnation von Vorteil sein, um z. B. das eigene Licht zu verstärken oder Informationen zum Aufstieg zu erhalten. Zivilisationen aus höheren und somit bereits aufgestiegenen Dimensionen sind wertvolle Helfer und Ratgeber und unterstützen die Lebewesen auf den niedrigeren Dimensionen.

Die nicht inkarnierten Tierseelen bilden mit den Zivilisationen anderer Sternensysteme gerne Allianzen. Der Rat der Föderationen-Botschafter der Tiere kümmert sich darum. Diese Zusammenschlüsse sind auf bestimmte gemeinsame Themen ausgerichtet oder unterliegen höheren universellen Aufgaben.

Innerhalb der Galaxie der Milchstraße hat der Rat der Föderationen-Botschafter z. B. folgende Allianzen gegründet:

- Mit ausgewählten Menschenseelen der Erde die Allianz des Lichts
- Mit erwählten Wesen vom Jupiter die Allianz der Nächstenliebe und des Respekts
- Mit den Urwesen der Venus die Allianz der Liebe
- Mit der Sonne die Allianz der Göttlichkeit

Es bestehen noch viele weitere Bündnisse innerhalb der Milchstraße. Etwa die Allianz der Technologie, des neuen Bewusstseins, des Goldenen Lichtes oder die der göttlichen Wahrheit.

Häufig bestehen diese Allianzen nur für einen bestimmten Zeitraum, oder bis die Notwendigkeit des Zusammenschlusses entfällt. Die Allianz des neuen Bewusstseins und die der Göttlichkeit formierten sich jedoch bereits bei der Erschaffung des Universums und werden auch weiterhin bestehen.

Der Zusammenschluss zu einer Allianz hat den großen Vorteil, dass sich die Kraft und Umsetzungsstärke der beteiligten Seelen um ein Vielfaches erhöht. Große, universelle und richtungsweisende Vorhaben können so auf verschiedenen Planeten leichter umgesetzt werden.

Die Tierseelen bilden das Fundament der Liebe für das Seelenreich der Menschen.

Die Verbindung der Tierseelen zum Reich der Menschenseelen

Das Seelenreich der Tiere ist eng mit dem der Menschenseelen verknüpft. Ausgewählte nicht inkarnierte Tierseelen halten zu speziellen nicht inkarnierten Menschenseelen einen engen Kontakt. Sie tauschen sich aus oder die Tierseelen unterstützen die Menschenseele bereits vor ihrer Inkarnation bei ihren Aufgaben.

Zudem bleiben die nicht inkarnierten Tierseelen mit ihrer noch inkarnierten Menschenseele verbunden. Diese enge Verbindung dient dazu, den Menschen einen uneingeschränkten Einblick in die Welt der Tierseelen zu geben. Auch wenn sie dies mit Beginn ihrer Menscheninkarnation vergessen, so ist es doch wichtig, dass sie diese Informationen vorab bekommen. Nur so können sie sich in ihrer Inkarnation wieder daran erinnern. Mit der Seelenverbindung wird also bereits das Samenkorn der Erinnerung gelegt. Durch eine gemeinsame Inkarnation der Tier- und Menschenseele wird die Erinnerung wachsen und sich entfalten. Eine der bedeutendsten Aufgaben, die alle Menschenseelen haben, ist es, sich in ihrer Inkarnation daran zu erinnern, wer die Tiere wirklich sind und so neues Bewusstsein auf Mutter Erde zu etablieren.

Ohne die Verbindung des Seelenreichs der Tiere mit dem Seelenreich der Menschen wäre es nicht möglich, dass die Tierseelen das Fundament der Liebe für die Seelenwelt der Menschen bilden. Ihre Energie ist entscheidend, um das Seelenreich der Menschen energetisch zu tragen und stabil zu halten.

Erfahrene und sehr alte Tierseelen haben mit vielen alten Menschenseelen eine tiefe Verbindung, um das Wissen der Heilung, der Natur und der Alchemie zu bewahren. Sie behüten es, um es zur richtigen Zeit innerhalb der Seelenreiche zu teilen und mit neuen Erkenntnissen und Erfahrungen anzureichern.

Zudem strahlt das Seelenreich der Tiere mit den vier Säulen bedingungslose Liebe, Demut, Achtsamkeit und Vergebung eine starke Energie in alle Richtungen aus, um so das Seelenreich der Menschen vor niederen Energien zu bewahren. Die starke Strahlkraft der vier Säulen reicht weit bis in die Seelenwelt der Menschen und in die Welt der Pflanzen- und Naturwesen hinein. Im Gegenzug strahlen die Seelenwelten der Menschenseelen, Pflanzen- und Naturwesen mit der Energie von reinem Bewusstsein sowie Einheit und Wachstum in das Seelenreich der Tiere.

Im Reich der Tiere gibt es außerdem eine Gruppe an Tierseelen, welche speziell nur für Kinder da ist. Sie haben eine ähnliche Funktion wie die Schutzengel und begleiten die Kinderseele vom Moment des ersten

Herzschlags im Mutterleib bis zu ihrem Lebensende als Erwachsener. Diese Tierseelen fungieren als Krafttiere der Menschenseelen und nehmen auch Beschützerfunktionen wahr. Sie lehren die Menschenseelen im Kindesalter bis ungefähr 14 Jahre alles über Tiere. Dann ziehen sie sich zurück und begleiten im Hintergrund die Seele des Jugendlichen und jungen Erwachsenen, bis diese voll erwachen und sich an ihren tierischen Begleiter wieder erinnern. Die Krafttierseelen verfügen, wie die Schutzengel, über die Fähigkeit, ihre Menschenseele vor Gefahrensituationen zu warnen sowie diese zu vermeiden.

Wenn die Kinderseele mit einem oder mehreren Haustieren aufwächst, stehen diese Tierseelen in direktem Kontakt mit der Krafttierseele, um deren Signale bei Gefahrensituationen noch deutlicher für die Menschen aufzuzeigen. Erst am Ende der Inkarnation, mit dem Tod des Menschen, geht die Krafttierseele gemeinsam mit ihrer Menschenseele zurück ins Licht. Daher berichten auch viele sterbende Menschen auf ihren letzten Metern von ihren verstorbenen Haustieren, weil diese zur Verabschiedung und zum Übergang ins Licht die Menschenseele und das zurückkehrende Krafttier begleiten. Die Wege des Krafttiers und seiner Menschenseele trennen sich nach dem Übergang, sodass jeder in sein Seelenreich zurückkehren kann.

Hochsensible Kinder bekommen mit dem ersten Herzschlag ihres physischen Körpers sogar drei Krafttierseelen an ihre Seite gestellt. Diese Kinder brauchen die energetische Unterstützung ihrer Krafttiere, da diese sie eng in ihrer Inkarnation begleiten müssen, damit sie mit dem Leben in einem physischen Körper und dem Energieniveau auf der Erde überhaupt zurechtkommen.

In diesem Fall wäre auch ein Haustier ideal, da diese Seelen die hochsensiblen Kinder sehr gut erden und energetisch stabil halten können. Sie hüllen die Kinder in eine permanente Energiepyramide ein, um sie vor niederen Energien und der starken Schwingung manch Erwachsener zu schützen.

Tierwahrheit von Hund Malu,
Therapiehund im Seniorenzentrum

Liebe Seele,

ich bin Malu und möchte dir gerne etwas über meine Arbeit für euch erzählen. Ich bin Therapiehund, und das aus gutem Grund. Ich habe es mir zur Aufgabe gemacht, euch Menschen in euren Herzen zu berühren und die Liebe darin wieder aufflammen zu lassen.

Alle Therapiehunde sind „Herzensöffner" und einige von uns haben sich dazu noch weitere Aufgaben wie

Vertrauen schaffen, die Seele des Menschen erden und heilen und viel mehr vorgenommen.

Wir Therapiehunde treffen auf viele verschiedene Menschen und genießen jeden einzelnen Besuch. Wir sehen auch viele Herzen, die einsam oder traurig sind. Doch mit unserer Liebe bringen wir sie wieder zum Leuchten. Das ist uns wichtig. Jedes Menschenherz soll strahlen. Nur wenn das Herz strahlt, leuchtet auch die Seele. Leider wird dies viel zu oft vergessen.

Der moderne Alltag lässt wenig Zeit, um das Strahlen der Herzen zu aktivieren und zu halten. Wenn Menschen krank oder einsam sind, ist es besonders schwer, das verstehen wir. Mit unserer bedingungslosen Liebe für jeden von euch möchten wir dies ändern. Mit unseren Besuchen bei den Menschen legen wir hierfür den Grundstein. Je häufiger wir in Kontakt kommen, desto mehr wird euer Herz erleuchtet und die Liebe kann darin aufflammen.

Optimal wäre, wenn ein eigener Hund bei euch leben würde. So könnte unsere Vorarbeit weitergeführt werden. Wir wissen, dass dies nicht immer möglich ist. Doch eine Option sollte es sein. Fühle, ob du es dir einrichten kannst. Das Zusammenleben mit einem Hund und natürlich auch mit jedem anderen Tier ist sehr heilsam. Für beide Seiten.

Wenn wir dich wieder besuchen, genieße unsere Anwesenheit mit allen Sinnen. Du weißt jetzt, dass wir nicht einfach nur zu Besuch bei dir sind. Du weißt, dass wir an deinem Herzen und an deiner Seele arbeiten und dass dies sehr heilsam sein wird. Wir lieben es, wenn du uns neben der Freude über den Besuch auch deine Liebe schenkst. Lass uns unsere Herzen verbinden, sodass auch deines in seinem individuellen Licht voller Liebe erstrahlt.

Durch den atlantischen Rat der Tiere wird atlantische Heilenergie auf die Erde fließen.

Die Verbindung der Tierseelen zu Atlantis

Im alten Atlantis hatten Tiere einen besonders hohen Stellenwert, weil die Atlanter in ihrem tiefsten Inneren wussten, welche starken Heilkräfte die Tiere besaßen. Sie machten sich diese zunutze, indem sie keine Tiere aßen, sich jedoch energetisch mit ihnen verbanden und gemeinsam mit der hoch schwingenden Energie der Tiere Heilungen vollbrachten.

Die Tiere wurden verehrt und ausgewählte Tierseelen wurden sogar als gottgleich angesehen. Alle Tiere in Atlantis wurden gut behandelt. Es gab keine Tierquälerei, ihnen wurde ausschließlich Wohlwollen und Liebe entgegengebracht.

Die Atlanter sahen die Tiere als das an, was sie wirklich sind: weise Seelen, treue Seelenbegleiter und wahre Lehrmeister. Auch gab es unter den Atlantern Auserwählte, welche sich mit den Heilkräften der Tiere außergewöhnlich gut auskannten und als Heiler fungierten. Diese Auserwählten waren von hohem Rang und ihre Ausbildung dauerte Jahrzehnte, sodass sie bereits in jungen Jahren auf ihr Wirken vorbereitet wurden. Diese auserwählten heilenden Atlanter gaben ihr

Wissen und ihre Erfahrung in direkter Linie innerhalb ihrer Familie weiter.

Im Reich der Tiere gibt es spezielle Atlantis-Tierseelen, welche eine separate Einheit in der Seelen-Hierarchie bilden. Sie waren und sind auserwählt, um in Atlantis zu wirken, und haben sich nur zu diesem Zweck teilweise inkarniert. Sie bilden den Atlantischen Rat der Tiere und bestehen aus 24 Tierseelen aus den verschiedensten Ebenen und Dimensionen. Die alten Atlanter waren sich damals bewusst, dass sie mit und in verschiedenen Dimensionen interagieren können. Sowohl direkt als auch über die Tiere. Daher war Atlantis so machtvoll, zugleich aber auch dem Untergang geweiht. Der atlantische Rat der Tiere existiert noch heute, denn es gibt noch immer viele atlantische Seelen, die auf der Erde wie auch auf anderen Planeten wirken. Dies tun sie nicht nur, um den Untergang von Atlantis zu heilen, sondern auch die Planeten und Dimensionen, in denen sie sich aufhalten.

Auf dem Planeten Erde widmen sich noch viele Atlanter der Aufgabe, die Menschenseelen erwachen zu lassen, die noch immer mit Atlantis verbunden sind. Sie alle sollen in ihre ursprüngliche atlantische Kraft zurückgebracht werden.

Alle atlantischen Menschenseelen werden im Rahmen des aktuellen großen Wandels reaktiviert, damit sie wieder in ihrem vollen Sein wirken können. Denn der

Wandel findet nicht nur für die Seelen von Mutter Erde statt. Große Teile des Universums sind von ihm betroffen, da auch sie aufsteigen werden. Der aktuelle Aufstieg ist ein multidimensionaler und zugleich großflächig planetarischer Aufstieg in verschiedensten Universen.

Eines der Hauptziele ist es, die atlantische Energie und das Wissen wieder zurückzuholen und neu zu etablieren. Nicht weniger wichtig ist der energetische Aufstieg der Seelen in die 5. Dimension, oder teilweise in eine noch höhere Ebene. Auch im Seelenreich der Tiere wird der Aufstieg umgesetzt. Der atlantische Rat der Tiere wird seine Arbeit wieder verstärkt aufnehmen und sich mit den erwachten atlantischen Menschenseelen verbinden. Die Menschen werden zurück in ihre atlantische Kraft geführt und wirken anschließend gemeinsam mit den Tierseelen und dem atlantischen Rat wieder in ihrer gewohnten Kraft. Dies ist ihr Anteil, um dazu beizutragen, dass Atlantis nach und nach wieder zurückgeholt wird.

Die Mitglieder des atlantischen Rats der Tiere sind erwählte, sehr hoch schwingende Tierseelen, welche ihre Inkarnationen nur in Atlantis hatten. Seit dem Untergang von Atlantis inkarnieren sie nicht mehr. Sie warten darauf, dass die atlantische Zivilisation sich in der Neuen Welt am Ende des großen Wandels etabliert, um dann in diesem Paradies teilweise selbst zu inkarnieren. Die Tierseelen des atlantischen Rates werden sich auf verschiedenste Planeten verteilen und zeitgleich sowie interdimensional agieren. Ihr Wirken wird die Menschen- und Tierseelen der jeweiligen Planeten maßgeblich beeinflussen, denn jeder Planet, dem ein Mitglied des atlantischen Rats der Tiere zuteilwird, ist an die atlantische Heilenergie angebunden. Sie wird den kompletten Planeten sowie alle Lebewesen durchfluten und sich fest verankern. So wird es möglich, das neue Bewusstsein entsprechend der neuen Dimension auf dem Planeten zu etablieren. Die atlantische Heilenergie wird sich auf vielen tausenden Planeten ausbreiten und ein neues atlantisches Energieniveau erschaffen.

Den Tierseelen wird dies insofern zugutekommen, als sie auf der Erde wieder den Wirkungsgrad erreichen, den sie zu atlantischer Zeit hatten. Sie werden ihr partiell gottähnliches Ansehen wiedererlangen und ihre Heilkräfte in vollem Maße zurückerhalten. Es werden deutlich mehr Tierseelen auf der Erde und auf vielen weiteren Planeten inkarnieren. So können sie kraftvoller wirken und ihren Seelenaufgaben nachkommen.

Letztendlich bedeutet dies für Tierseelen auch, dass sie in ihren Inkarnationen die Erfahrung des Getötetwerdens nicht mehr durchleben müssen. Die neuen Kulturen auf dem Planeten Erde und allen anderen Planeten, die mit der atlantischen Energie verbunden sind, werden keine Tiere (und auch keine Pflanzen) mehr töten. Generell entfällt das Thema Tötung komplett, denn die inkarnierten Menschenseelen und auch alle anderen werden sich nicht mehr gegenseitig „das Leben nehmen“. Keine der inkarnierten Seelen hat diese Erfahrung mehr in ihren Inkarnationsaufgaben hinterlegt.

Das Ablegen oder Wechseln physischer Körper wird auf der Erde nur noch in der Form erfolgen, dass die inkarnierten Seelen einen Wechsel in ihrer feinstofflichen Art vollziehen. Schritt für Schritt werden sie das Leben in ihrem Körper immer lichter und leichter werden lassen, bis ihre äußere Hülle komplett feinstofflich ist und nicht mehr einem festen Körper entspricht. An ihrem „Lebensende“ werden die Seelen sich so weit feinstofflich gewandelt haben, dass ihr vorheriger physischer Körper praktisch nicht mehr existiert und sie als reine feinstoffliche Existenz inkarniert sind.

Die „Lebensspanne“ einer inkarnierten Seele wird daher deutlich länger sein, als es bisher auf Planet Erde möglich war. Durch die schrittweise feinstoffliche Weiterentwicklung des noch physischen Körpers wird sich die Dauer einer Inkarnation auf mehrere hundert Jahre ausdehnen und im Laufe der weiteren Entwicklung des Planeten Erde sogar auf tausende Jahre ausweiten.

Die Rückkehr der atlantischen Energie und Schwingung wird den umfassenden Frieden und die bedingungslose Liebe bringen. Was die inkarnierten Tierseelen in der heutigen Zeit vorbereiten, wird am Ende des großen Wandels Realität sein. Krieg, Streit, Mord,

Terrorismus und andere Gewaltakte – all das wird der Vergangenheit angehören. Alle inkarnierten Tierseelen bereiten diesen großen Schritt in den Frieden und die bedingungslose Liebe bereits vor und sind dran, das passende Energieniveau dafür bereitzustellen. Sie kennen längst die neue Zukunft im Paradies.

Die Verbindung der Tierseelen zu Atlantis ist trotz des atlantischen Untergangs nie abgebrochen. Sie wurde nur stark reduziert, daher wird sie nun im Zuge des Wandels wieder aufgebaut und ausgedehnt. Menschenseelen, die sich von jeher mit Atlantis verbunden gefühlt haben (und es daher auch sind), werden wissen, wann es an der Zeit ist, um diese Verbindung wiederherzustellen, und die Tiere unterstützen.

Zudem werden in den nächsten Jahrzehnten viele tausend Tierseelen inkarnieren, um die Verbindung zu intensivieren. Die Menschenseelen werden dies daran spüren, dass sie mit Tieren in Kontakt kommen, die sie „führen" werden. Dies sehr deutlich und in einer Form, dass sie gar keinen anderen Weg mehr sehen werden, als sich der Führung der Tiere hinzugeben. Wohl wissend, dass dies genau der richtige Weg ist, um die neue große Einheit zu erschaffen.

Tierseelen bringen
bedingungslose Liebe
auf die Erde.

Die Verbindung der Tierseelen zu den Plejaden

Das Seelenreich der Tiere ist in direkter Linie mit den Plejaden verbunden. Von hier kommt die hoch schwingende Energie der bedingungslosen Liebe. Jede inkarnierte Tierseele behält diese Verbindung zu den Plejaden bei und kann so die plejadische Energie jederzeit an die anderen Seelen auf dem Planeten Erde weitergeben.

Die inkarnierten Tierseelen machen sich die plejadische Energie auch zunutze, um die Aufgaben mit ihren Menschen zu transformieren. Sie setzen dabei aktiv auf die bedingungslose Liebe, um dem Menschen einen ersten Eindruck in diese kraftvolle Energie zu geben. Ein Ziel der inkarnierten Tierseelen ist es, die Menschen diese Form der Liebe zu lehren und sie verstehen zu lassen, wie bedeutsam sie für alle Lebewesen ist.

Unter den inkarnierten Tierseelen gibt es auch diejenigen, die neben der plejadischen Heilenergie die Gnade Gottes mitbringen. Es sind ausgewählte Tierseelen mit einem speziellen Auftrag und einer ganz besonderen Inkarnationsaufgabe. Sie inkarnieren nicht als Haustiere, sondern als Wildtiere, damit sie ungestört und außerhalb der Begrenzung durch den Menschen wirken können. Diese Tierseelen kümmern sich hauptsächlich um Angelegenheiten von Mutter Erde und der Natur sowie die der Kontinente. Sie wirken zusammen mit deren Seelen an den planetaren Aufgaben.

Innerhalb des Seelenreichs der Tiere werden die nicht inkarnierten Tierseelen durch die plejadische Heilenergie unterstützt, um sich auf ihre Inkarnationen vorzubereiten und sich gegenseitig zu heilen. Die Tierseelen nutzen diese Energie aktiv und gewinnen dadurch an Erfahrung und Wissen, welches sie mit in ihre Inkarnation nehmen.

Einige tausend ausgewählte Tierseelen sind als Tierseele ohne Körper auf den Plejaden anwesend. Viele Sterne und Planeten der Plejaden haben ihre eigene Tierseele, welche ausschließlich für den Planeten arbeitet oder die Plejader unterstützt. Die Plejader schätzen die Arbeit der Tierseelen in besonderem Maße. Die Tierseelen auf den Plejaden sind seit langer Zeit an der energetischen Formung des Planeten beteiligt. Sie unterstützen die Plejader bei ihrem Aufstieg und sind beim Aufbau eines ausgeglichenen Energiesystems auf den zahlreichen Planeten des Sternensystems behilflich. Im plejadischen Reich zählen die Tierseelen zusammen mit drei anderen mächtigen universellen Lebewesen zu den stärksten Stabilisatoren im Sternensystem. Sie haben eine Allianz gebildet, um die Plejader zu unterstützen und um ihr Sternensystem in Balance zu halten.

Hat sich eine Tierseele zusammen mit ihrem Menschen für eine neue Inkarnation entschieden und waren beide in der Vergangenheit mit plejadischen Themen behaftet, erhält diese ein Aufgabenpaket direkt von den Plejadern. Sie nimmt das Paket mit in ihre Inkarnation, um gemeinsam mit dem Menschen nach einer Lösung zu suchen. In diesem Paket ist immer die Rückverbindung der Menschenseele mit den Plejaden und deren Zivilisation enthalten sowie die Rückführung des Menschen in die plejadische Heilenergie und die Wiederanbindung an die allumfassende Zentralsonne des Universums. So wird sichergestellt, dass die Menschenseelen den großen Wandel der Menschheit überstehen und in der Neuen Welt bestmöglich vorbereitet sind.

Die Plejader arbeiten nicht nur im Hinblick auf die Menschenseelen zusammen mit den Tierseelen. Sie haben noch weitere Kooperationen mit anderen Lebewesen in fernen Universen, Galaxien und auch Dimensionen, welche sie gemeinsam mit den Tierseelen unterstützen. Durch die Tierseelen können sie die Zivilisationen und Lebewesen leichter erreichen, bevor sie selbst mit ihnen in Kontakt treten. Die Zusammenarbeit der Tierseelen mit den Plejadern hat sich über Jahrmillionen bewährt und wird auch weiterhin bestehen, denn gerade für Menschenseelen ist es wichtig, über die Tiere den Einstieg in neue Energien zu erhalten und ihr Herz zu öffnen. Die Tierseelen sind nicht nur auf dem Planeten Erde Türöffner für neue Möglichkeiten der

Weiterentwicklung und des neuen Bewusstseins, sondern auch in vielen anderen Galaxien und Planeten.

Im Rahmen ihres eigenen Aufstiegs haben sich die Plejader damals ebenfalls der Unterstützung der Tierseelen bedient. Sie haben gemeinsam das Fundament des Aufstiegs geschaffen und wurden dann bei jedem weiteren großen Schritt von ihnen unterstützt. So ist eine enge Verbindung entstanden.

Die Tierseelen inkarnieren seit Anbeginn der Zusammenarbeit ohne einen physischen Körper auf den Plejaden, da die Plejader selbst auch keinen physischen Körper besitzen. So können sie besser miteinander wirken.

Auf dem Planeten Erde hingegen ist es jedoch noch notwendig, dass Tierseelen in einen physischen Körper inkarnieren, um ihre Aufgaben mit den Menschen zu erfüllen. Bei einer Inkarnation ohne Körper würde die Tierseele von den Menschen nicht angenommen werden. Dies wird sich jedoch ändern, sobald die Menschheit den Aufstieg in die 5. Dimension geschafft hat. Durch das neue Bewusstsein ist dann jedem Menschen bewusst, dass es nicht notwendig ist, einen schweren physischen Körper zu besitzen, um zu leben und zu sein. Jedes Lebewesen kann in seiner natürlichen, reinen und feinstofflichen Form inkarnieren.

Tierseelen arbeiten noch heute mit der ägyptischen Energie.

Die Verbindung der Tierseelen zum alten Ägypten

Alle Tierseelen haben noch heute eine starke Verbindung zum alten Ägypten. Auch wenn diese Epoche schon vor vielen tausend Jahren zu Ende gegangen ist, wirken die Tiere dennoch weiterhin mit der ägyptischen Energie und arbeiten daran, die Zusammenarbeit mit den Menschenseelen wieder so zu gestalten, wie sie im damaligen Ägypten war.

Viele Tiere nutzen diese Energie nicht nur innerhalb des Seelenreichs der Tiere, sondern setzen sie auch vermehrt in der Arbeit mit den Menschen ein. Die Verbindung der Menschenseele zur Tierseele soll in Zukunft wieder so stark werden wie jene damals im alten Ägypten. Dies wird eine Vorstufe sein, um das Niveau der atlantischen Verbindung zwischen Menschen und Tieren wieder zu erreichen.

Zudem stellen die Tiere damit die Verbindung zu den ägyptischen Pyramiden her. In ihren Inkarnationen haben die Tierseelen die Möglichkeit, sich mit dem Wissen der Pyramiden zu verbinden und so kraftvoll zu wirken. Manche beziehen daraus einen Teil ihrer Heilkräfte auf Erden. Andere bringen ihre Menschen dadurch dazu, die Tiere anzuerkennen und ein besseres Verständnis von allem, was ist, zu bekommen. Außerdem nutzen ausgewählte inkarnierte Wildtierseelen die Schwingungen der verschiedenen ägyptischen Pyramiden, um das Schwingungsfeld der Erde zu erhöhen. Allen inkarnierten Tierseelen ist es möglich, sich mit der großen bedingungslosen Liebe der Pyramiden zu verbinden und diese in ihr Umfeld fließen zu lassen. So wie es die Tiere im alten Ägypten bereits getan haben.

Die Verehrung und der Einbezug der Tiere in das tägliche Leben im alten Ägypten hatten damals kraftvolle Heilungen und Manifestationen zur Folge. Inkarnierte Tiere und Menschen waren sich vollkommen bewusst, welche Macht sie hatten, um ihr Leben und ihre Epoche zu gestalten. Den Menschen wurde dieses Wissen in der Vergangenheit genommen, doch den Tieren ist es heute noch möglich, so kraftvoll wie damals auf Erden zu wirken.

Das Wissen der Tiere aus dem alten Ägypten wird von den Tierseelen gehütet wie ein Schatz. Sie warten nur darauf, es im richtigen Moment erneut mit den inkarnierten Menschenseelen zu teilen. So leben heute schon inkarnierte Tierseelen unter den Menschen, welche mit der Heilenergie ägyptischer Priester verbunden sind und diese jederzeit den Menschen zukommen lassen können. Zudem inkarnieren in den nächsten Jahren immer mehr Tierseelen, welche im alten Ägypten als angebetete Tiergötter aktiv waren. Mehr und mehr heilige Seelen aus der alten Zeit werden aktiv sowohl in unsere neue Jetzt-Zeit als auch in der näheren Zukunft ankommen. Die Menschen werden es im Außen spüren, dass ein großes Erwachen in Bezug auf die Tiere beginnt. Sie werden erkennen, wen sie als Haustier oder auch Wildtier in ihrem Umfeld haben.

Auch wenn das alte Ägypten, für die inkarnierten Tierseelen rein auf den körperlichen Umgang mit Tieren bezogen, häufig nicht sehr wohlwollend war. Die machtvolle Arbeit der Tierseelen, zusammen mit den Menschen, war doch einzigartig. Beide Seelenbereiche haben Großes in ihren Inkarnationen bewirkt und kraftvolle universelle Arbeit geleistet. Dieses gemeinsame Wirken soll wiederbelebt werden. Die Rückverbindung der Tier- und Menschenseelen dorthin hat bereits begonnen.

Inkarnierte Tierseelen werden von Wesen aus dem Pflanzen- und Naturwesenreich begleitet.

Die Verbindung der Tierseelen zum Pflanzenreich und den Naturwesen

Jede Tierseele hat eine Verbindung zum Pflanzenreich und dem der Naturwesen. Während der Zeit, in der sie nicht inkarniert ist, ist sie mit beiden Reichen energetisch verbunden. Inkarniert sie, wird sie von mindestens zwei Wesen aus dem Pflanzen- und Naturwesenreich begleitet. Da sich das Reich der Pflanzen- und Naturwesen in der Hierarchie der Seelen unterhalb der Ebene der Tierseelen befindet, strömt seine Energie immer in das Reich der Tiere hinein. Inkarnierte Tierseelen können sich durch ihre Begleiter mit dem Reich der Pflanzen- und Naturwesen verbinden oder sie um Hilfe bitten.

Alle Tierseelen arbeiten besonders gerne mit den Wesen der Natur- und Pflanzenwelt zusammen. Es ist ihnen möglich, die Menschenseelen auf einer sehr feinsinnigen Ebene zu berühren, damit sie die Seele der Tiere erkennen können. Zudem unterstützen die Seelen der inkarnierten Wildtiere die Pflanzen- und Naturwesen in ihrer Arbeit auf Mutter Erde. Denn nur gemeinsam (und zusammen mit den Menschen) ist es möglich, den Planeten in seinen ursprünglichen, vollkommenen Zustand zurückzuführen.

Die Tierseelen lieben die Zusammenarbeit mit den Seelen von Natur- und Pflanzenwelt, da sie beide für die Erschaffung neuer Planeten zuständig sind. Ihre Seelen gehen in ihrer Inkarnation gemeinsam auf Planeten, auf denen noch keine lebensfreundliche Atmosphäre oder Umgebung existiert. Sie errichten dort ein energetisches, lebensfreundliches Umfeld, um dann in weiteren Schritten für die nachfolgend inkarnierten Lebewesen ein physisches Umfeld zu erschaffen, in dem Leben möglich ist. Dies bedeutet jedoch nicht, dass sie immer den Samen für eine üppige Tier- und Pflanzenwelt wie auf Planet Erde legen. Oftmals reicht es aus, wenn entsprechende Gase auf dem neuen Planeten vorhanden sind, die Leben ermöglichen, oder im feinstofflichen Bereich ein lebensfreundlicher Zustand hergestellt wird.

Was genau erschaffen wird, hängt von den Bedürfnissen der neuen Zivilisation ab. Manchmal reicht es auch aus, einem physischen Planeten eine passende Energiestruktur samt feinstofflicher Welt zu geben, damit er als Heimat für Lebewesen dienen kann.

Die Verbindung der Tierseelen zum Pflanzenreich und dem der Naturwesen dient auch dazu, dass sich bestimmte inkarnierte Tierseelen auf Mutter Erde um die Pflanzenwelt kümmern. Alle pflanzenfressenden Wild- und Haustiere unterstützen die Pflanzenwelt energetisch, aber auch durch ihre Aufnahme von Pflanzennahrung. Durch das Verdauen von pflanzenbasierter

Nahrung und Früchten führen sie dem Boden wertvolle Mineralien zu, die den Pflanzen wiederum als Nahrung dienen. Pflanzenfressende Tiere halten so den Wachstumskreislauf der Natur am Leben.

Blickt man auf die Verbindung der inkarnierten Tierseelen mit den Naturwesen, dann ist diese von rein energetischer Art. Die Tierseelen helfen den Feen, Elfen, Gnomen und vielen anderen Wesen, die Energie in ihrer Umgebung zu klären oder stabil zu halten. Dabei unterstützen sie auch die Arbeit mit allen Pflanzen, Bäumen und Blumen.

Im Gegenzug helfen die Naturwesen den Tieren bei ihrer Arbeit mit Kindern. Durch ihre feine Lichtenergie unterstützen sie den Zugang des Kindes zu seinem Haustier und den Aufbau einer innigen Verbindung. Die unsichtbaren und feinstofflichen Naturwesen verbringen viel Zeit mit der inkarnierten Seele eines Tieres, wenn notwendig sogar mehrere Jahre mit demselben Tier. Sie stimmen sich mit der Tierseele ab, sobald es in die Menschenfamilie kommt. Die Naturwesen verfügen zusammen mit den Tieren über die Fähigkeit, die Energie der Kinder einer Familie zu stabilisieren.

Tierseelen können die Gesänge und Musik der Feen, Elfen und vieler anderer Naturwesen hören. Sie geben diesen Gesang angereichert mit ihrer eigenen Heilenergie an ihre Menschen weiter. Vorrangig, wenn diese schlafen, da sie dann ihre Herzen am besten erreichen.

Die feinen Gesänge und Melodien der Naturwesen öffnen die Herzen für Weisheit und Liebe.

Sie heilen den Planeten und alles, was in Schräglage geraten ist. Daher ist es so wichtig, dass genügend Natur mit ihrer großartigen Fauna und Flora vorhanden ist, in der sich die Naturwesen ungestört und friedlich aufhalten können, um ihre Arbeit zu verrichten und Heilung zu bringen.

Hunde, Katzen und Pferde sind sehr gerne in der Natur unterwegs, weil sie dann die Gelegenheit bekommen, sich mit den Naturwesen ausgiebig auszutauschen, sich mit Energie aufzuladen und den Gesängen und Melodien zu lauschen.

Auch die Wildtiere nutzen die Gesänge und Melodien der Naturwesen für sich. Sie laden sich mit neuer Energie auf und geben die Klänge an andere Wildtiere weiter. Alle Pflanzen, Bäume und Blumen bewegen sich im zarten Takt der Musik und heben so ihr Energielevel an. Menschen können die feinen Gesänge und Melodien der Naturwesen wahrnehmen, wenn sie sich in der Natur aufhalten und ihre Herzen für die Schönheit des Planeten öffnen. Sie hören und fühlen dann leise in ihren Herzen die Schwingung und den melodischen Ton des Naturwesengesangs.

Die inkarnierten Tierseelen sind vor allem deshalb mit dem Reich der Naturwesen verbunden, damit es ihnen möglich ist, ihre Menschen mit dem Wesen der Natur wieder zu verbinden. Diese Wiederverbindung ist Teil des Aufstiegs in die 5. Dimension und bedeutsam für die weitere Entwicklung der Menschheit.

Die Heimatsterne der Tiere
sind die Sterne
des Sternenbilds Orion
und der Stern Sirius.

Die Heimatsterne und -planeten der Tiere

Tierseelen, die sich für eine Inkarnation auf der Erde entschieden haben, verlassen das Seelenreich der Tiere und begeben sich zu den Sternen Orion oder Sirius. Während ihrer Ausbildung dort erfahren sie alle notwendigen Informationen für ihre nächste Inkarnation. Welche Herausforderungen, Erlebnisse und Lernaufgaben auf sie warten, und vieles mehr. Die verschiedenen Tierarten wählen sich den für sie passenden Ausbildungsort selbst. Katzen, Insekten, Schmetterlinge, Reptilien u. v. m. beginnen ihre Reise auf Sternen des Orion. Hunde, Pferde, Schildkröten, Kühe, Giraffen, Elefanten und andere Tiere auf Sirius.

Für Inkarnationen auf anderen Planeten in der Milchstraße sowie in weiteren Galaxien und Universen werden andere Destinationen gewählt. So gibt es zahllose Planeten und Sternensysteme, welche als Heimat der Seelen bezeichnet werden.

Alle Tierseelen werden von weisen Seelen aus unterschiedlichen Reichen trainiert und unterrichtet. Das Wissen reicht von physischen Anforderungen bis hin zu den Zusammenhängen von Körper, Geist und Seele auf Mutter Erde. Die Seelen verbinden sich fest mit der

Erdenseele Gaia und bekommen Lösungen an die Hand, wie sie liebevoll mit Menschenseelen umgehen können. Diese Vorbereitung dauert nach menschlichem Ermessen einige Jahrzehnte, für die Tierseelen nur einen Wimpernschlag.

Die Zahl der auf Orion und Sirius anwesenden Tierseelen ist sehr eindrucksvoll. Entsprechend ihrer individuellen Aufgabe, die sie in ihrer Erden-Inkarnation erfüllen werden, unterteilen sie sich im Rahmen ihrer Ausbildung in verschiedene Gruppen. Um das Prinzip der göttlichen Familie zu erfahren, leben sie zusammen mit ihrer Seelenfamilie. Dabei bleibt die Seelenfamilie eines Tieres auf dem Heimatstern dauerhaft bestehen. Während ihrer Inkarnation können die Tiere jederzeit Kontakt zu ihrer Seelenfamilie aufnehmen, um sich Rat zu holen.

Die Welt auf Orion und Sirius besteht ausschließlich aus feinstofflichen Wesen und ist angefüllt mit göttlicher Liebe. Es herrscht ein liebevolles Zusammensein. Die Tierseelen knüpfen und pflegen Freundschaften. Alle sind in ein tiefes Verständnis füreinander eingehüllt.

Während ihrer Ausbildung gehen die Tierseelen oft Verbindungen mit anderen Tierseelen ein, um z. B. gemeinsam auf der Erde beim gleichen Menschen zu inkarnieren. Jede Tierseele legt auch ganz genau ihren Inkarnationsplan fest. Mit allen An- und Herausforderungen, Erfahrungen und Situationen. Bei dieser

Aufgabe wird sie von einer erfahrenen Engelseele unterstützt, die den Plan genehmigt und ihr O. K. für die Inkarnation gibt. Die Engelseele wacht anschließend während der Inkarnation über die Tierseele als Schutzengel.

Tierseelen erhöhen die Schwingung der Menschen und helfen ihnen beim Aufstieg in die 5. Dimension.

Die Reise der Tierseelen

Tierseelen inkarnieren seit Anbeginn von allem, was ist. Ihre Reise ist, wie die der Menschenseelen, von unendlicher Dauer. Sie wechseln am Ende der Inkarnation zurück ins Seelenreich der Tiere, oder sie kehren auf ihren Heimatstern zurück und bereiten sich dort auf eine weitere Inkarnation vor. Die Tierseelen befinden sich so stetig in einem Zyklus des Kommens und Gehens. So lange, bis sie sich irgendwann entscheiden, nicht mehr zu inkarnieren – oder zumindest für eine längere Zeit zu pausieren. Tritt dieser Fall ein, dann widmen sie sich einer größeren Aufgabe im Seelenreich der Tiere.

Die Seelenreisen der Tiere sind ebenso von Höhen und Tiefen geprägt wie die der menschlichen Seelen. Dies ist ein Bestandteil aller Inkarnationen und alle Seelen haben zugestimmt, dass dies auch so sein soll. Nur im Seelenreich der Tiere ist alles erfüllt von göttlicher Liebe. Dennoch sind auch diese Seelen dem Zyklus unterworfen, der sie dazu bestimmt, auch das Gegenteil von Göttlichkeit zu erleben. Aus diesem Grund führen die Tierseelen diese Inkarnationen durch, denn jede ist erfüllt von wertvollen Erfahrungen, die im Seelenreich der Tiere nicht möglich sind.

Nach dem Aufstieg der Erde und der Menschen in die 5. Dimension werden sich die Aufgaben in den Inkarnationen für Tiere und Menschen ändern. Leid, Schmerz, Unglück, Angst und weitere negative Erfahrungen werden sich auflösen, sodass sich die Inkarnationen auf der Erde in eine freudvolle, lichtbringende transformieren kann. Die Erde wird sich wandeln in einen Planeten, auf dem Inkarnationen in reiner Liebe und in göttlichem Urvertrauen möglich sind.

Neben den Seelen der jetzigen Erdbewohner werden noch weitere Wesenheiten inkarnieren können, denen es bisher nicht möglich war, auf die Erde zu gelangen. Für die Tierseelen bedeutet das, dass sie noch mehr göttliche Unterstützung bei ihren Aufgaben für Mutter Erde erhalten. Der Seele der Erde, Lady Gaia, wird hoch schwingende Hilfe in der 5. Dimension zuteil, um sie für den Übergang in die 6. Dimension vorzubereiten. So wird sich die Seelenreise der Tierseelen erneut wandeln, damit alle gemeinsam in ein noch höheres Bewusstsein gelangen.

Tierseelen helfen den Menschen und weiteren Lebewesen des Universums seit Urzeiten bei ihrem Aufstieg. Sie sind durch ihre Inkarnationen, ihre große Liebe und ihre Verbindungen in andere Dimensionen prädestiniert dazu. Alle Tierseelen gehören mit den Engeln und vielen anderen Seelen zu den „Schwingungserhöhern". Sie bilden eine Gemeinschaft mit anderen Seelen, um die Stufen der Schwingungsleiter höher zu steigen. Ihre intergalaktischen und universellen Verbindungen helfen ihnen dabei.

Im Zuge der Wandlung der Seelenreise der Tiere wird es auch eine Anpassung in der Zusammenarbeit der Tiere mit den Engeln geben. Ausgewählte Tierseelen wirken bereits jetzt mit der Kraft von Erzengel Raphael und Michael. Engel sind häufig um Tiere herum und zeigen sich als farbige Nebel.

In der 5. Dimension – dem Goldenen Zeitalter – werden sich die Engel deutlicher bei den Tieren manifestieren und ihre eigene Kraft vermehrt ihren Seelen zur Verfügung stellen. Bis sie sich dann zusammen mit ihnen in ihrer ganzen Deutlichkeit und Erscheinung zeigen können. Die Engel werden sich bestimmte Seelen auswählen, durch die sie als feste Begleiter der Tierseelen wirken und so das Bewusstsein der Menschenseelen ändern.

Den Menschen wird dies sehr willkommen sein, denn in der 5. Dimension wird es keine Unterschiede mehr zwischen den Seelen geben. Das neue Bewusstsein hat die allumfassende „Wir-sind-eins-Klarheit“ bereits etabliert. Es wird für alle Lebewesen ganz normal sein, die Tierseelen, die Engel und weitere lichtvolle Wesen in ihrer reinen Form und Gestalt sehen zu können.

Zudem hat sich die Seelenreise der Tiere dann so weit verändert, dass bestimmte Tierseelen direkt mit den atlantischen Energien verbunden sind und als atlantische Tiere in der 5. Dimension auf Mutter Erde inkarnieren. Sie werden besonders große Heilkräfte mitbringen.

So können die Tiere in ihren Inkarnationen mit ihrer ganzen Seelenkraft wirken und nicht wie in der aktuellen Dimension nur mit reduzierter Power. Ihre Seelenreise hat dann wieder die Qualität erreicht, die ihr von göttlicher Seite von Anbeginn mitgegeben wurde.

Die neugeborenen Menschen werden in der 5. Dimension von drei Tierseelen begleitet. So wird von Beginn des Menschenlebens an die göttliche Verbindung zu den Tierseelen eingerichtet. Auch werden den neuen Menschenseelen feste „Engelbegleiter" an die Seite gestellt, die zusätzlich zu den Schutzengeln wirken. Weitere lichtvolle Begleiter wählt sich die Menschenseele vor ihrer Inkarnation aus.

Im Seelenreich der Tiere wird sich nach dem Eintritt der Erde und ihrer inkarnierten Seelen in die 5. Dimension eine Energieerhöhung vollziehen, die das gesamte Reich in die nächsthöhere Dimension katapultiert. Die Tierseelen werden weiterhin eine Dimension höher angesiedelt sein als die Menschenseelen. So lange, bis sie alle zusammen die 12. Dimension erreichen.

Nachwort

Liebe Seele,

unsere Reise in das Seelenreich der Tiere ist nun zu Ende. Wir danken dir, dass du diesen Weg mit uns gegangen bist, und wir spüren, dass sich etwas in dir verändert hat. Dein Bewusstsein und dein Herz haben sich geöffnet und deine Liebe zu den Tieren ist gewachsen. Du wirst die Welt fortan mit neuen Augen sehen und bemerken, wie sich vieles für dich positiv verändert.

Deine Einblicke in das Seelenreich der Tiere werden nachhaltige Auswirkungen auf alle Menschen haben. Sie bringen Frieden in die Welt und werden dir helfen, vieles besser zu verstehen. Wir legen dir ans Herz, dir so oft wie möglich bewusstzumachen, wer die Tiere wirklich sind, und dich mit ihrer liebevollen Energie zu verbinden. So kannst du inneren Frieden, Zufriedenheit und Glück finden. Lass dich von den Tierseelen führen, so wie wir es getan haben.

In Liebe und zum Wohle aller,

Kerstin und die Tiere.

Über die Autorin

Kerstin Heck arbeitet seit 2012 als Tierkommunikatorin und unterstützt liebevoll Tiere und ihre Menschen bei ihren individuellen Herausforderungen im Alltag und auf der Seelenebene. Zudem berät sie als Tierpsychologin (Katzen) ratsuchende Katzenhalter bei Fragen zu Verhaltensauffälligkeiten, Aggressionen, Ängsten, Katzenzusammenführungen und vieles mehr. Außerdem veröffentlicht sie in ihrem Blog Tierwahrheiten regelmäßig spirituelle Tierbotschaften zu den Bereichen Leben, Liebe und Glück.

Barbara Zierd

Kleines Katzen-Survival-Kit

Erste Hilfe bei Alltagsdramen, Krankheiten und Unfällen, Verhaltensstörungen

Psychologie, Heilmethoden, Tipps und Tricks für alltägliche Fragen.

Aus dem Inhalt: Katzen-Charaktere, Rassekatzen, verwaiste Tiere, Welpen aus dem Tierheim. Die Grundbedürfnisse: Futter, Spielzeug, Mensch und Natur. Wie Katzen die Welt erleben: Regeln für ein harmonisches Zusammenleben.

Homöopathie und Notfallapotheke. Bachblüten, Schüssler-Salze, alternative Heilmethoden. Behandeln mit Aloe Vera, Edelstein- und Farbtherapie. Geistiges Heilen und Reiki. Osteopathie. Kleine Katzenpsychologie, Tierkommunikation – und vieles mehr ...

136 Seiten/ geb. € 13,50

ISBN 978-3-941435-00-1